W0173946

Corinna Harder & Jens Schumacher

STRENG GEHEIM!

Das große Buch der Detektive

TOP SECRET

Illustrationen von Daniela Stöckmann

moses.

impressum

Die Ratschläge in diesem Buch sind von den Autoren und vom Verlag sorgfältig erwogen und geprüft worden. Dennoch kann eine Garantie nicht übernommen werden. Eine Haftung der Autoren und des Verlags für Personen-, Sach- und Vermögensschäden ist ausgeschlossen.

Alle Rechte vorbehalten. Die Reproduktion, Speicherung und Verbreitung dieses Buches mit Hilfe elektronischer oder mechanischer Mittel ist nur mit Genehmigung des Verlags möglich. Auch eine auszugsweise Veröffentlichung außerhalb der Grenzen des Urheberrechts bedarf der schriftlichen Zustimmung des Verlags.

Weiterhin erklären Autoren und Verlag ausdrücklich, dass sie trotz sorgfältiger Auswahl keinerlei Einfluss auf die Gestaltung und die Inhalte der gelinkten Seiten haben. Deshalb distanzieren sich Verlag und Autoren hiermit ausdrücklich von allen Inhalten aller Seiten und machen sich diese Inhalte nicht zu Eigen. Diese Erklärung gilt für alle in diesem Buch aufgeführten Links.

© 2003 moses. Verlag GmbH

moses. Verlag GmbH
Hülser Straße 21-23
47906 Kempen
Telefon 0 21 52 - 20 98 50
Telefax 0 21 52 - 20 98 60
E-Mail info@moses-verlag.de
www.moses-verlag.de

ISBN 3-89777-159-4

Idee, Konzeption & Text:
Corinna Harder & Jens Schumacher

Illustration, Layout, Typographie,
Satz & Titelgestaltung:
Daniela Stöckmann, EYETOMIND,
Seeheim-Jugenheim

Redaktion: Tanja Mues

Printed in Belgium

Vorwort

Hallo Nachwuchsdetektive!

Träumt ihr davon, selbst mal einen spannenden Kriminalfall aufzuklären? Brennt ihr darauf, zur Lupe zu greifen, Spuren zu sichern und Verdächtige zu beschatten? In geheimer Mission unterwegs zu sein? Als Detektiv? *Prima!*
Denn ratet mal, wem es in eurem Alter ganz genau so ging?

Richtig geraten – auch die Verfasser dieses Buches waren in jungen Jahren begeisterte Indiziensammler, Geheimcodeknacker und Beschatter! (Corinna gründete sogar im Alter von neun Jahren einen eigenen, deutschlandweiten Detektivclub.) Und da eine derartige Faszination im Laufe der Zeit keineswegs nachlässt, sondern ganz im Gegenteil: zum fanatischen Lesen und Sammeln von allem verleitet, was irgendwie mit Detektiven und deren Arbeit zu tun hat, sammelte sich in unseren Köpfen und Bücherregalen nach und nach eine ganze Menge interessantes Spezialwissen an. Diese nützlichen und spannenden Informationen kompakt und übersichtlich für euch zusammenzustellen war unser Ziel, als wir uns vornahmen, »STRENG GEHEIM! Das große Buch der Detektive« zu schreiben.

Und was ist dabei herausgekommen? Wie ihr sehen werdet, bietet euch »STRENG GEHEIM!« einen umfassenden Einblick in die Welt der Detektive, ganz gleich, ob ihr bereits eigene Fälle aufgeklärt oder noch nie mit Lupe und Fingerabdruckpulver gearbeitet habt. Sämtliche Tipps, Tricks und Anregungen werden euch leicht verständlich erklärt von drei Nachwuchsdetektivkollegen – Lara, Tim und Minischwein Erdmann vom Detektivclub »Top Secret« (der diesem Buch übrigens seinen Namen ausborgte). Alles, was ihr für die erfolgreiche Ermittlungsarbeit benötigt, steckt zwischen den beiden Buchdeckeln, die ihr nun in euren Händen haltet.

Aber blättert einfach um und seht selbst. Erfahrt, wie man sich eine eigene Detektivausrüstung zusammenstellt, professionell Informationen sammelt, Spuren sichert und vieles mehr ... Viel Spaß beim Lesen, Ausprobieren und Weitertüfteln!

Erfolgreiche Ermittlungen und spannende Fälle wünschen euch

Corinna Harder & Jens Schumacher

Inhalt

Anhang:
Detektiv-Lexikon –
die Sprache der Ermittler
Von A wie »Agent« bis Z wie »Zeuge«

Willkommen in der Welt der Spürnasen

Du liebst Krimis? Du verschlingst jedes Buch, jeden Film, der sich um die Arbeit von Detektiven und die Klärung komplizierter Verbrechen dreht?
Dann hast du einiges mit Lara und Tim gemeinsam. Wie du schon an ihrer Kleidung sehen kannst, beschränken sich die beiden in ihrer Freizeit nicht darauf, spannende Fälle in Büchern oder im Fernsehen zu verfolgen – nein, sie gehen regelmäßig selbst auf Spurensuche!

Lara

ist 11 Jahre alt und geht mit Tim in dieselbe Klasse. Als die beiden eines Tages feststellten, dass sie das gleiche Hobby teilen, hatte Lara den Einfall, gemeinsam einen Detektivclub zu gründen. Gesagt, getan! Als Vorsitzende des Clubs »Top Secret« (englisch für »Streng geheim«) treffen sich die zwei seither regelmäßig nach der Schule, um ihr Wissen und ihre Kombinationsgabe, ihr Erinnerungsvermögen und ihre Geschicklichkeit zu trainieren – alles wichtige Eigenschaften für einen guten Detektiv. Da Lara eine begeisterte Bastlerin ist, kümmert sie sich bei »Top Secret« um alles, was manuelle Geschicklichkeit erfordert: Sie konstruiert Fallen und Überwachungsmechanismen, sichert Fingerabdrücke oder erstellt geduldig ellenlange Tabellen mit Geheimschriftencodes.

Tim

ist 12, sportlich und außerdem einen guten Kopf größer als Lara. Ihm fallen innerhalb des Detektivclubs zumeist solche Aufgaben zu, die Kraft und Schnelligkeit verlangen: auf Bäume klettern, Verdächtige mit dem Fahrrad verfolgen, den Tatort-Koffer schleppen, etc. Außerdem ist er für die Fütterung des inoffiziellen dritten Clubmitglieds verantwortlich und achtet darauf, dass es nicht zu viel Unsinn anstellt ...

Erdmann

ist Ehrenmitglied und Maskottchen von »Top Secret«. Erdmann ist sehr intelligent und hat eine feine Nase. Außerdem ist er ein Schwein. Kein richtiges Schwein, wohlgemerkt, sondern ein so genanntes Minischwein, so dass man ihn schon mal auf den Arm nehmen kann, wenn die Situation es verlangt. Eigentlich gehört Erdmann Herrn Immich, einem Nachbarn von Tims Eltern. Der »leiht« ihn allerdings gerne für wichtige Ermittlungen an die zwei Nachwuchsdetektive aus.

Herr Immich

war vor seiner Pensionierung Hauptkommissar bei der Kriminalpolizei. Jedes Mal, wenn Lara und Tim ihn in seinem Schrebergarten am Ende der Straße besuchen, um Erdmann zur gemeinsamen Spurensuche abzuholen, erzählt er spannende Geschichten und allerlei Wissenswertes aus seiner Zeit bei der Polizei. Sein Hintergrundwissen über die Aufklärung von Verbrechen und die Arbeit von Detektiven hat Lara und Tim schon oft bei ihren Ermittlungen weitergeholfen.

Wenn du wie Lara und Tim knifflige Fälle aufklären und die Tricks echter Detektive kennen lernen möchtest, bist du hier genau richtig! Denn die beiden Nachwuchsdetektive weihen dich ein in die Grundlagen von Spurensicherung, Geheimschriften, Tarnung und Verfolgung, Verhörtechniken und vielem mehr! Von Herrn Immich erfährst du darüber hinaus noch eine Menge über wirkliche Polizei- und Detektivarbeit.

Am Ende wirst du überrascht feststellen, wie viele Fälle tagtäglich auf dein geschultes Auge warten und wie leicht du plötzlich in der Lage bist, gewonnene Hinweise zu einem logischen Puzzle zusammenzusetzen – wie ein richtiger Detektiv!

Selbstverständlich solltest du deine neu erworbenen Fähigkeiten nicht für die Jagd auf echte Verbrecher verwenden – das ist und bleibt zu gefährlich und muss den Experten der Polizei vorbehalten bleiben! Dennoch gibt es Situationen, in denen auch Nachwuchsdetektive wie Lara, Tim oder du wichtige Ermittlungen führen und damit manchmal sogar der Polizei zur Hand gehen können.

Jeder Detektiv benötigt für seine Ermittlungen eine spezielle Ausrüstung. Lara und Tim zum Beispiel haben ihre ersten Ermittlungen mit nicht viel mehr als Block und Bleistift zum Festhalten ihrer Beobachtungen durchgeführt.

Anfangs wirst auch du mit wenigen Hilfsmitteln auskommen (z. B. Schreibzeug für Skizzen vom Tatort oder verschwundenen Gegenständen). Sobald du dich allerdings ein wenig eingearbeitet und dir erste Tricks angeeignet hast, wirst du wie die beiden Detektive von »Top Secret« feststellen, dass dir dies nicht mehr ausreicht. Dann ist es an der Zeit, sich Gedanken über die Zusammenstellung eines richtigen Tatort-Koffers zu machen.

6 **Taschenlampe**

7 **Münzen** oder eine **Telefonkarte**, für den Fall, dass du unterwegs telefonieren musst

1 **Schreibzeug** zum Notieren von wichtigen Daten (Hinweise, Zeugenaussagen, etc.)

2 **Pinzette** zum Untersuchen von Gegenständen, an denen keine Spuren (z. B. Fingerabdrücke) verwischt werden dürfen

3 **Lupe** für die Untersuchung von Fingerabdrücken, Haaren, Kratzern oder sonstigen Spuren, die zu klein für das menschliche Auge sind

4 **Tafelkreide**, um Hinweispfeile oder Markierungen anzubringen

5 **Klarsichthüllen** oder **Gefrierbeutel** zur Aufbewahrung gesicherter Fingerabdrücke oder anderer kleiner Beweisstücke

10 **Pauspapier**, um Schuh- oder Reifenabdrücke in Originalgröße zu kopieren

8 Fingerabdruckpulver und ein feiner **Haarpinsel** zum Auftragen; zum Fixieren der Abdrücke eine Rolle **transparen-** tes **Klebeband** (vgl. Kapitel 4: Spurensicherung am Tatort)

Basisausrüstung

9 Gummihandschuhe, um am Tatort keine Spuren zu hinterlassen

11 Maßband zum Ausmessen von Spuren und Fundorten

12 Taschenmesser oder **Schere**

13 feste Umschläge für größeres oder sperrigeres Indizienmaterial

14 Rolle **Nähgarn**, **Glöckchen**, **Streichholz-** schachtel und getrocknete **Erbsen**, um einfache aber effektive Fallen zu stellen (vgl. S. 14ff).

15 Stempelkissen zum Abnehmen der Fingerabdrücke verdächtiger Personen

Zusatzausrüstung
für Profis

1 **Fernglas** zur Beobachtung weiter entfernter Personen oder Orte

2 **Gips** zum Erstellen von Spurenabgüssen

3 **Fotoapparat** mit Blitzlicht und Ersatzfilmen, um z. B. einen Tatort originalgetreu im Bild festzuhalten. (Besonders nützlich, wenn auch in der Anschaffung der Filme recht teuer: Polaroid- oder Digital-Kameras, deren Bilder man sofort an Ort und Stelle begutachten kann.)

4 **Computer** für eine ganze Menge verschiedener Einsatzmöglichkeiten innerhalb des Detektivbüros (z.B. S. 33).

5 **Minikassettenrekorder** oder Diktiergerät zum Aufzeichnen verdächtiger Geräusche oder Gespräche

6 **Handfunksprechgeräte** (Walkie Talkies), um während geheimer Beobachtungen u. ä. in Kontakt zu bleiben

Einige Bestandteile der Zusatzausrüstung wirst du nicht so einfach bei dir zuhause haben bzw. sie sind nicht gerade billig anzuschaffen. Gewitzte Detektive machen es wie Lara und Tim, die sich ihre Zusatzausrüstung einfach nach und nach von ihren Eltern zum Geburtstag oder zu Weihnachten wünschen …

Nachdem Lara und Tim »Top Secret« gegründet und sich ihre Ausrüstung zusammengestellt hatten, wurde ihnen schnell klar, dass noch eine wichtige Sache fehlte, ehe sie als Detektive richtig loslegen konnten: ein eigenes Detektivbüro – ein Stützpunkt, wo sich Arbeitsmaterialien unterbringen, Indizien untersuchen, wichtige Unterlagen verstecken und gemeinsame Aktionen absprechen lassen.

Was die Suche nach geeigneten Räumlichkeiten etwas erschwerte, war die Vorgabe, dass nach Möglichkeit auch Ehrenclubmitglied Erdmann Zutritt haben sollte – aber sowohl Laras als auch Tims

Eltern äußerten Bedenken gegen ein Schwein im Haus!

Schließlich wurden die beiden jedoch fündig: Nachbar Immich stellte dem Club seine leer stehende Garage zur Verfügung. Flugs wurden Ausrüstung, Detektivbücher und alles Nötige in den neuen Clubraum geschafft und mithilfe einiger ausrangierter

Möbel aus dem Keller von Tims Eltern war das Hauptquartier rasch wohnlich eingerichtet – und endlich konnte auch Erdmann bei allen Treffen mit von der Partie sein.

Wenn du dir ebenfalls ein Detektivbüro einrichten willst, das z. B. als Treffpunkt für deinen eigenen Detektivclub dienen kann (vgl. S. 23ff), kannst du ähnlich vorgehen wie Lara und Tim. Infrage kommen grundsätzlich alle Räume, die genügend Platz bieten und im Idealfall zu unterschiedlichen Tages- und Nachtzeiten unauffällig betreten werden können (z. B. Schuppen, Garten- oder Baumhäuser, Wohnwagen oder eben leer stehende Garagen).

Auch wenn dein Detektivclub kein Schwein als Ehrenmitglied hat, solltest du auf jeden Fall vorher deine Eltern bzw. den Besitzer des Raums um Erlaubnis fragen. Bestimmt helfen sie dir dann auch beim Einrichten. Und falls sie keine alten Möbel im Keller haben wie die Eltern von Tim, lassen sich häufig auf dem Sperrmüll brauchbare Stücke finden.
Hier nun noch einige nützliche Tipps für die Einrichtung deines Detektivbüros:

➜ Schreibtisch

Hier muss Schreibzeug bereit liegen, ganz klar. Außer der Eingangstür solltest du vom Schreibtisch aus stets sehen können, was gerade hinter dir vorgeht (Spitzelgefahr!). Hier hilft ein geschickt angebrachter, unauffälliger Spiegel.
Mit einem auf oder unter dem Tisch versteckten Kassettenrekorder kannst du Gespräche im Büro aufzeichnen.

➜ Schrank

Ein abschließbarer Schrank (falls vorhanden) bietet Raum für Ausrüstungsgegenstände, die ordentlich verwahrt werden müssen, etwa: Zutaten für Geheimtinten (vgl. S. 70ff), Fingerabdruckpulver bzw. Gips für Fußspurenabgüsse (vgl. S. 60-62).

→ Regal

Hier findet deine Detektivbibliothek Unterschlupf. Neben Büchern über Detektive und Kriminalfälle sollte sie Bücher über möglichst viele weitere Themen enthalten, damit du im Bedarfsfall alles nachschlagen kannst.

→ Tür

Wenn du etwas über die Tür hängst, das beim Öffnen ein Geräusch verursacht (z. B. eine Glocke o. ä.), kann niemand das Büro betreten, ohne dass du es mitbekommst.
Ein hauchdünner Faden bzw. ein Haar, beim Verlassen des Zimmers zwischen Tür und Türrahmen geklemmt, verrät dir, ob während deiner Abwesenheit jemand den Raum betreten hat: Der Faden liegt dann auf dem Boden.

→ Fenster

Ein Fenster kannst du nutzen, um zu beobachten, was sich draußen abspielt. Dazu sind ein Fernglas und/oder ein schräg auf der Außenseite des Fensters angebrachter Spiegel gut geeignet.

→ Wand

Die Wände deines Büros bieten Platz für verschiedene nützliche Hilfsmittel: z. B. eine Uhr, eine Karte der Nachbarschaft oder Stadt (selbst gezeichnet oder gekauft), ein Nachrichtenbrett (z. B. Pinnwand) für verschlüsselte oder unverschlüsselte Botschaften an andere Clubmitglieder, Bilder oder Poster, hinter denen dringende Mitteilungen für Mitdetektive versteckt werden können, etc.

→ Versteckte Kamera

In einem Versteck in greifbarer Nähe kannst du eine Kamera installieren. Sie sollte so ausgerichtet sein, dass du einen potentiellen Besucher oder Eindringling bereits beim Eintreten »abschießen« kannst. Denke dir eine tarnende Geste aus für den Fall, dass du den Fotoapparat betätigen musst (lege z. B. Schreibzeug o. ä. in die Schachtel, das du beim Auslösen gut sichtbar herausnimmst).

→ Personen- und Adresskartei

Hier archivierst du alle Daten, die du über dir bekannte Personen zusammenträgst (vgl. S. 34ff).

Wie zuvor bei der Zusammenstellung deines Tatort-Koffers gilt auch hier: Deiner Fantasie sind keine Grenzen gesetzt! Was du für notwendig oder nützlich hältst, gehört auch in dein Detektivbüro!

Fallen stellen

Sobald dein Hauptquartier deinen Wünschen gemäß ausgestattet ist, musst du dir natürlich Gedanken um die Sicherheit deiner Ausrüstung machen. Lara, die immer besondere Angst hat, jemand könnte hinter ihre Geheimnisse und Erfindungen kommen, kennt mehrere Möglichkeiten, wie du mit relativ geringem Aufwand verhindern kannst, dass Spitzel in deinen Unterlagen stöbern oder sich deine Tricks abschauen. Einige eignen sich hervorragend zum Schutz deiner persönlichen Schätze, andere sind genauso für den »Außeneinsatz« geeignet, wenn du z. B. Täter auf frischer Tat ertappen oder den Beweis für die Anwesenheit eines Verdächtigen an einem bestimmten Ort erbringen willst.

Täter:
Hungriger und vernaschter Erdmann

Effekt:
unüberhörbares Scheppern im ganzen Haus.
Halbe Packung Kekse konnte auf diese Weise
noch gerettet werden.

Geräuschfallen

→ Dosenfalle

Nimm einige leere Blechdosen und stanze mit einem Dosenöffner Löcher in die Deckel. Fädele sie auf eine dünne Schnur und befestige deren eines Ende oberhalb der Zimmertür, z. B. an einem Nagel. Knote das andere Ende straff gespannt an die Türklinke. Öffnet ein Verdächtiger die Tür, reißt der Faden und die Dosen fallen scheppernd zu Boden.

→ Schalenfalle

Die Schalen von Erdnüssen sind so dünn, dass sie sofort mit einem Knacken zerbrechen, wenn jemand darauf tritt. Streue sie z. B. außen vor ein Fenster, bei dem die Gefahr besteht, dass du von dort belauscht oder beobachtet wirst – das Knirschen beim Darauftreten verrät den Spion!

→ Knallfalle

(für nach innen öffnende Türen)

Stecke mehrere Reißnägel durch einen Streifen dünnen Karton. Klebe den Karton auf die Innenseite der Türe ganz unten neben das Scharnier. Ein aufgeblasener Luftballon wird mit einem Faden an das Scharnier gebunden. Wenn nun jemand die Tür öffnet, werden die Reißnägel gegen den Ballon gedrückt und er zerplatzt.

Markierungsfallen

→ Haarfalle

Willst du herausbekommen, ob jemand in deiner Schublade gewühlt hat? Dann klebe, bevor du weggehst, mit Spucke ein einzelnes Haar quer über Schubladenkante und Außenrand. Kontrolliere bei deiner Rückkehr, ob es noch da ist.

→ Bleistiftfalle

Markiere einen Stapel wichtiger Papiere am Rand mit einem dünnen, senkrechten Bleistiftstrich. Sind einzelne Papiere berührt bzw. verschoben worden, wird der Strich nicht mehr gerade liegen.

→ Gewohnheitsfalle

Schließe die Schublade deines Schreibtisches nie ganz, sondern lasse einen Zwischenraum von ein bis zwei Millimetern. Wer auch immer die Schublade öffnet, er wird sie mit Sicherheit aus Gewohnheit ganz – also bis zum Anschlag – zumachen.

→ Fadenfalle

Spanne quer durch dein Zimmer etwa 20 cm über dem Boden einen sehr dünnen, dunklen Faden. Befestige ihn am besten nur mit Klebefilm, damit er sich ganz leicht löst, wenn jemand durchs Zimmer schleicht. Liegt er bei deiner Rückkehr am Boden, hat jemand den Raum durchquert.

Geheimfächer und Verstecke

So gut du dein Büro auch mit Sicherheitseinrichtungen absicherst – all das nützt dir wenig, wenn deine Geheimunterlagen während deiner Abwesenheit offen und für jeden sichtbar auf dem Schreibtisch herumliegen. Deswegen hier noch einige weitere Anregungen von Lara, wie du wichtige Materialien »verschwinden« lassen kannst:

→ Doppelte Böden
Bastle einen doppelten Boden für deinen Papierkorb, z. B. aus Pappe. In dem entstandenen Hohlraum kannst du kleine Gegenstände verstecken. Ähnlich lassen sich auf dem Boden von Kisten oder ganz hinten in Schubladen Geheimfächer bauen.

→ Vertauschte Inhalte
Als unauffälliges Versteck für verschiedene Hilfsmittel kann die Verpackung eines alten Spiels oder eine Müslipackung dienen – wer würde darin deine Detektivausrüstung vermuten?

➜ Geheimbuchversteck

Vielleicht habt ihr ein großes altes Buch zu Hause, das niemand mehr lesen möchte. Erkundige dich vorsichtshalber beim Vorbesitzer, ob er etwas dagegen einzuwenden hat, wenn du es zerschneidest. Schlage es im vorderen Drittel auf und schneide aus dem hinteren Papierblock eine viereckige Vertiefung heraus. (Das geht besonders gut mit einem Papiermesser, einem so genannten Cutter). Das Buch ist jetzt ein ideales Versteck für deine kleinen Geheimnisse und gehört als solches selbst gut versteckt.

➜ Ablenkungsversteck

Besorge dir eine große Schachtel oder Kiste und schreibe »TOP SECRET!« und »Öffnen strengstens verboten!« darauf. Dort hinein gehören natürlich nur solche Dinge, die absolut nicht geheim oder wichtig sind! Alle wirklich streng geheimen Dinge kommen in einen anderen Behälter ohne Aufschrift. Wenn nun jemand dein Zimmer durchsucht, wird er garantiert die Schachtel entwenden, die so auffällig geheimnisvoll beschriftet ist – nicht aber die unscheinbare Kiste ohne Aufschrift!

Nun, da dein Büro komplett eingerichtet und deine Ausrüstung vor dem Zugriff Fremder sicher ist, kann es eigentlich losgehen, der erste Fall deiner Detektivlaufbahn kann in Angriff genommen werden ...

Was ist ein Detektiv?

Was bedeutet »Detektiv«?

Das bei uns gebräuchliche Wort »Detektiv« leitet sich vom englischen Wort für »aufdecken, ermitteln« ab, nämlich »to detect«. Dieses kommt ursprünglich aus dem Lateinischen (»detegere«).

Im Zusammenhang mit der Tätigkeit von Detektiven werden immer wieder verschiedene Berufsgruppen erwähnt, die im Grunde nicht allzu viel damit zu tun haben. Folgende kurze Auflistung soll dir helfen, deinen Aufgabenbereich als Detektiv von denen »benachbarter« Berufe abzugrenzen:

→ Agenten, Spione und Geheimdienste

Im Gegensatz zu Detektiven arbeiten sie fast nie auf eigene Faust, sondern zumeist für einen Auftraggeber (z. B. für Geheim- oder Abwehrdienste oder in der Spionage), für den sie wichtige gesellschaftliche oder politische Interessen verfolgen.

→ Spitzel

Spitzel liefern der Polizei (und auch Detektiven) Informationen und werden dafür bezahlt. Viele von ihnen gehörten ursprünglich selbst einmal zur Unterwelt, haben aber irgendwann beschlossen »auszupacken«.

→ Fahnder

Sie arbeiten bei der Polizei und sind wie Polizisten mit der Aufklärung von Verbrechen beauftragt. Meist verfügen sie über eine umfassende kriminalistische Ausbildung und haben innerhalb des Polizeiapparates Posten wie Kommissar oder Kriminalinspektor inne.

→ Polizeidetektive & »detectives«

Noch heute werden in Großbritannien, den USA und anderen Ländern die Kriminalpolizisten »Detektive« genannt. Dort also kann ein Detektiv auch ein Polizist sein. In Deutschland und Österreich dagegen gibt es die Bezeichnung »Detektiv« bei der Polizei nicht. Wenn hier von Detektiven gesprochen wird, sind fast immer private Ermittler gemeint.

→ Private Ermittler

Die bekanntesten »privaten Ermittler« wirst du aus Filmen und Büchern kennen: Figuren wie der Pfeife rauchende Sherlock Holmes haben das Bild des Detektivs geprägt. Wie so oft hat jedoch die Vorgehensweise solcher erfundenen Detektivfiguren nicht viel mit der Arbeit wirklicher Detektive gemein. Das beginnt damit, dass man »echte« Detektive eigentlich nie zu Gesicht bekommt. Sie verstehen es, sich in der Öffentlichkeit rar zu machen. Kaum jemand weiß etwas über die Frauen und Männer, die heimlich, still und leise ermitteln und deswegen nie den Bekanntheitsgrad von Fernsehdetektiven erlangen. Aber das ist auch besser so – stell dir vor, jeder wüsste, dass du Detektiv bist! Wie solltest du so unerkannt eine Beschattung durchführen?

Erfunden wurde der Detektivberuf vor rund 250 Jahren in England, als man in London die erste Stadtpolizei der Welt gründete. Später, im Jahr 1829, wurden dort erstmals Polizeitruppen in Wachleute und Aufklärer für Verbrechen unterteilt – die ersten Detektive! Dies war die Geburtsstunde der weltweit ersten Kriminalpolizei (nach ihrem Dienstgebäude Scotland Yard benannt). Detektivbüros im heutigen Sinne entwickelten sich erst gegen Ende des 19. Jahrhunderts.

Eine Blüte erlebte das Gewerbe während des Zweiten Weltkriegs, als unzählige Soldaten Detektive beauftragten, die Treue ihrer zu Hause gebliebenen Ehefrauen zu überwachen. So waren noch bis vor 30 Jahren Eheangelegenheiten das Hauptarbeitsfeld von Privatdetektiven.

Was ist ein Detekiv?

Heute sind die meisten von ihnen dagegen in der Wirtschaft tätig.

Detektivbüros haftet oft ein Hauch des Geheimnisvollen oder sogar Zwielichtigen an, der darüber hinwegtäuschen kann, das sich auch (und besonders) Detektive an geltende Gesetze halten müssen und ihren Klienten gegenüber stets zur Verschwiegenheit verpflichtet sind. Wer ein Detektivbüro eröffnet, kann sich sogar staatlich prüfen lassen und sich später »Berufsdetektiv« nennen.

Der Detektivberuf hat mittlerweile viel mit der Nutzung moderner Informationstechnologien zu tun. Fotografie, Video- und Tonüberwachung, Telekommunikation und Internet helfen Detektiven, international und unter Nutzung großer Datenbanken Fälle aufzuklären.

Was tut nun aber ein Detektiv?

Detektive arbeiten heute oft in Wirtschaft und Industrie, d. h. sie vertreten die Interessen von Unternehmen und klären Fälle von Betrug, Warenfälschung, Diebstahl, Spionage u. ä. auf. Ebenso stellen sie sich in den Dienst von Privatleuten und helfen, Beweismittel in Zivil- und Strafprozessen zu beschaffen, verschwundene Personen zu finden oder Informationen bei Ehestreitigkeiten zu sammeln. Was viele nicht wissen: Detektive sind darüber hinaus auch im Personen- oder Sachschutz tätig (z. B. Kaufhaus- oder Versicherungsdetektive, die Diebstählen oder vorgetäuschten Schadensfällen nachgehen).

Wie für die meisten Berufe gehört auch zur Detektivarbeit jede Menge Übung und ständiges Weiterentwickeln der eigenen Fähigkeiten. Und wie die meisten Dinge im Leben macht dies natürlich gemeinsam mit anderen noch viel mehr Spaß. Was liegt also näher, als es Lara und Tim gleichzutun und zusammen mit Freunden einen eigenen Detektivclub zu gründen?

Sowohl bei der Befragung oder Beschattung verdächtiger Personen, bei Untersuchungen von Beweisstücken oder dem Abwägen von Verdachtsmomenten wird es dir zugute kommen, wenn du auf Detektivkollegen zählen kannst, die ebenso gut ausgebildet sind wie du!

Mitglieder

Wie du am Beispiel von Lara und Tim gesehen hast, kann es nützlich sein, wenn die Mitglieder eines Detektivclubs unterschiedliche Fähigkeiten mitbringen. So gibt es weniger Reibereien, wenn es zu Aufgabenverteilungen im Zuge von Ermittlungen kommt. Außerdem ergänzen sich im Idealfall die Kenntnisse aller Mitglieder zu einem Ganzen, das die Fähigkeiten der einzelnen bei weitem übersteigt – zusammen schafft man mehr!

Vielleicht gibt es in deinem Bekanntenkreis jemanden, der wie Lara prima basteln, zeichnen oder auch fotografieren kann; vielleicht kennst du jemanden wie Tim, der schnell läuft oder gut klettert. Oder du hast interessierte Freunde mit ganz anderen Fähigkeiten, etwa gutem Orientierungssinn, Computerkenntnissen, Organisationstalent oder Erfahrung mit Geheimcodes. All dies sind Spezialkenntnisse, von denen dein Detektivclub profitieren kann. Doch nicht allein über die Fähigkeiten, die jemand mitbringt, sollte sich entscheiden, ob er oder sie dem Club beitreten darf. Wichtigstes Auswahlkriterium sollte sein, dass du gut mit den anderen Mitgliedern auskommst und dich in kniffligen Situationen auf sie verlassen kannst. Denn wenn die Sympathie stimmt, können eventuell fehlende detektivische Fähigkeiten auch später noch leicht durch Training hinzuerworben werden.

Clubsatzung und Ausweis

Bei der Gründung von »Top Secret« haben sich Lara und Tim einen Ehrenkodex ausgedacht, an den die Mitglieder des Clubs sich in gegenseitigem Einvernehmen halten. Du kannst dir überlegen, ob du für deinen Club etwas Ähnliches ausdenken oder vielleicht die Regeln von »Top Secret« einfach übernehmen möchtest:

1 Erklärtes Ziel des Clubs ist das Detektivspiel. Echte Kriminalfälle bleiben stets der Polizei überlassen.

EHRENKODEX

2 Sollten Clubmitglieder in kriminelle Aktionen verwickelt werden, mischen sie sich nicht ein oder bringen sich oder andere in Gefahr. Sie informieren sofort Eltern oder Polizei.

3 Werden Clubmitglieder Zeugen eines realen Verbrechens oder Unfalls, versuchen sie, sich (ohne jemanden zu behindern) so viele Einzelheiten wie möglich zu merken, um damit unter Umständen später die Arbeit der Polizei zu unterstützen.

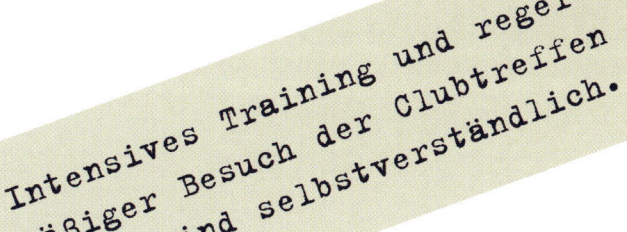

4 Intensives Training und regelmäßiger Besuch der Clubtreffen sind selbstverständlich.

5 Unter Detektiven hilft man sich stets gegenseitig.

6 Sämtliche Geheimnisse und Spezialkenntnisse, die im Club vermittelt werden, werden nicht an Dritte weitergegeben, auch nicht nach einem eventuellen Austritt aus dem Club.

Natürlich kannst du auch hier wieder kreativ werden und dir weitere oder gänzlich neue Punkte überlegen, die dir für deinen Club am Herzen liegen.

Hat ein neues Mitglied den Ehrenkodex akzeptiert, braucht es noch einen Detektivausweis. Lara zeigt dir, wie du leicht selbst einen herstellen kannst:

Club-Ausweis

→ Nimm dünne Pappe und schreibe in Blockbuchstaben alle wichtigen Angaben darauf: Clubname, Name des Detektivs, seine Funktion innerhalb des Clubs, etc. (Schön offiziell wirkt es übrigens, wenn du diese Informationen mit Schreibmaschine oder PC schreibst.)

→ Klebe ein Passbild des Mitglieds darauf.

→ Daumenabdruck und eigenhändige Unterschrift machen das Dokument gültig.

→ Für eine ganz amtliche Optik bastele dir einen Clubstempel: Male mit schwarzem Stift das Clubsymbol auf die Schnittstelle einer halbierten Kartoffel. Entferne mit einem Messer vorsichtig rund um das Symbol einen halben Zentimeter der Kartoffel, bis nur noch das Zeichen hervorsteht.

 Frage immer nach dem Ausweis, wenn sich jemand dir gegenüber als Detektiv oder Polizist ausgibt. In der Regel zeigen die meisten echten Detektive (z. B. Kaufhausdetektive) und Polizisten ihren Ausweis vor, ohne dass du sie dazu auffordern musst.

Jetzt kannst du mithilfe eines Stempelkissens jedes Dokument, das in deinem Detektivclub anfällt, offiziell »beglaubigen«.

→ Nun noch etwas selbstklebende Klarsichtfolie (oder mehrere sich überlappende Bahnen Tesastreifen), und der Ausweis ist auch bei widrigen Witterungsbedingungen (im Freien, etc.) bestens geschützt.

Nicht vergessen, den Ausweis zu jedem Clubtreffen mitzubringen!

Clubleitung, Kassenwart und sonstige Posten

Jeder Club, der sich aus mehreren Personen zusammensetzt, braucht einen Vorsitzenden. Im Falle von »Top Secret« ist die Sache simpel: Es gibt einfach zwei Vorsitzende, nämlich Lara und Tim, und beide haben gleiches Mitbestimmungsrecht in allen Fragen.

Hat dein Detektivclub mehr als zwei Mitglieder, sollte die Wahl des Vorsitzenden demokratisch, das heißt in einer geheimen Wahl von allen Mitgliedern entschieden werden. (Um es ganz fair zu halten, kann der Posten des Vorsitzenden auch wochen- oder monatsweise gewechselt werden, so dass jeder mal an die Reihe kommt.)

Falls ein Clubbeitrag erhoben werden soll (z. B. um eine kleine Clubzeitung oder Materialien für die gemeinsame Spurensuche zu finanzieren), kann nach ähnlichem Prinzip ein Kassenwart bestimmt werden, der die Clubkasse verwaltet und alle Ausgaben mit dem oder den Vorsitzenden abrechnet.

Auch weitere wichtige Posten – etwa, wer den Schlüssel zum Versammlungsraum verwahrt o. ä. – sollten per Abstimmung besetzt werden.

Training, Weiterbildung und erste Fälle

Bei den Clubtreffen werden Vorgehensweise und Aktionen der Detektive besprochen. Aus gemeinsam gesammelten Ideen und Anregungen ergibt sich, woran und in welcher Form ihr detektivisch arbeiten wollt. Das müssen nicht gleich hochgefährliche Kriminalfälle sein. Zunächst sollten du und deine Kollegen euren Spürsinn testen und durch gezieltes Training fortbilden. Es gibt eine ganze Reihe konkreter Übungen, mit denen ihr eure Beobachtungsgabe und Kombinationsfähigkeit schulen könnt, darunter diverse Gelegenheiten im Alltag, die fast schon kriminalistische Ermittlungen erfordern:

Beobachtungstraining

Beobachtet aufmerksam den Straßenverkehr in eurer Umgebung und haltet in Notizform fest, ...

➡ ... welches die befahrenste Straße der Nachbarschaft ist, ...

➡ ... woher die meisten durchfahrenden Autos kommen (Kennzeichen), ...

➡ ... wie viele Personen durchschnittlich in einem Fahrzeug sitzen, ...

➡ ... welchen Weg sie vermutlich von ihrem Ausgangsort hierher genommen haben (Landkarte) und ...

➡ ... ob es bei der Fahrzeugdichte Unterschiede zwischen verschiedenen Tageszeiten sowie Wochentagen oder dem Wochenende gibt.

Vergleicht eure Aufzeichnungen untereinander und versucht herauszufinden, wer am sorgfältigsten beobachtet hat.

Clubübergreifendes Training

Versucht, andere Detektivclubs in eurer Nähe ausfindig zu machen und Kontakt mit ihnen aufzunehmen. Im Austausch könnt ihr gegenseitig von euren Erfahrungen profitieren, und gerade bei der Neugründung eines Clubs können Fehler vermieden werden, die andere vielleicht schon gemacht haben.
Je mehr Detektive zusammenkommen, desto mehr Spaß machen auch gemeinsame Ermittlungen – außerdem kann eine große Gruppe beim Lösen eines umfangreicheren Falles sehr nützlich sein.

Ein- bis zweimal im Jahr könnt ihr einen großen Wettbewerb mit mehreren Clubs organisieren (u. a. mit gruppenorientiertem Lösen von Aufgaben, die sich eine vorher gewählte Wettkampfleitung ausdenkt, etc.).

Kontaktadressen von anderen Detektivclubs findet ihr im Internet unter WWW.DETEKTIV-KLUB.DE

Erste Fälle

➡ Fahrraddiebstähle kommen an vielen Schulen vor. Sollte dies auch bei euch der Fall sein, könnt ihr dem auf zweierlei Weise entgegenwirken: Erstens präventiv (d. h. vorbeugend), indem ihr euren Mitschülern Informationen über bessere Sicherungsmaßnahmen verschafft (ihr bekommt sie z. B. von der Pressestelle der Polizei.) Zweitens aktiv, indem ihr versucht, den Täter zu ermitteln. Hierbei ist allerdings Vorsicht geboten, denn ein vorschnell geäußerter (falscher) Verdacht kann ein schlechtes Licht auf euch und eure Arbeit werfen. Außerdem habt ihr es immerhin mit einem Straftäter zu tun! Wendet euch daher, sobald ihr über aussagekräftiges Beweismaterial verfügt, auf jeden Fall an die Schulleitung, die dann mit der Polizei alles Nötige in die Wege leiten kann.

➡ Ein weiteres Anwendungsgebiet für euren Spürsinn sind entlaufene Haustiere. Wo Familien oder älteren Menschen die Zeit bzw. Energie für die nötigen Nachforschungen fehlt, können häufig Detektivclubs helfen. Anwohnerbefragungen in der Nachbarschaft, aufmerksames Studium der »Verloren/Gefunden«-Rubrik in der Tageszeitung und nicht zuletzt aktives Umschauen in der Umgebung sind hier vielversprechende Maßnahmen.

Sogar die Schule bietet ein Betätigungsfeld für den Gerechtigkeitssinn eines jeden richtigen Detektivs: Habt ihr z. B. das Gefühl, dass ein Mitschüler zu Unrecht einer Tat beschuldigt wird (Taschengeld ist verschwunden o. ä.), macht euch auf die Suche nach entlastenden Beweisen: Hat der Beschuldigte vielleicht ein Alibi? Gab es Zeugen? Liegt eventuell eine Verwechslung vor? Ihr werdet merken, dass das Vorgehen in einem solchen Fall dem bei echten Kriminalfällen schon auffallend ähnelt. Und vielleicht gelingt es euch ja, eindeutige Beweise zu finden und so eine(n) Unschuldige(n) von einem falschen Verdacht zu befreien bzw. den wahren Täter zu überführen.

Wachschutz

So könnt ihr für mehr Sicherheit in eurer Nachbarschaft sorgen und gleichzeitig positiv auf euren Detektivclub aufmerksam machen: Bietet Nachbarn, die verreisen wollen, an, während ihrer Abwesenheit nach dem Rechten zu sehen. Ihr könnt ihre Blumen gießen, Haustiere füttern, dafür sorgen, dass der Briefkasten nicht auffällig überquillt, und ab und zu abends die Beleuchtung im Haus ein- und wieder ausschalten. Niemand wird so auf die Idee kommen, dass das Haus momentan leersteht – die Gefahr eines Einbruchs wird reduziert.

Wissensvermehrung

Stellt eine möglichst umfangreiche Sachbibliothek zu unterschiedlichen Wissensgebieten zusammen (Kriminalistik, Spurensicherung, Computer, Fotografie, etc.) Jedes Clubmitglied kann dann Bücher, Zeitschriften, Videos oder Software ausleihen und auch außerhalb eurer Treffen sein Wissen erweitern. Sollte ein Mitglied des Clubs schon ein richtiger Spezialist auf einem bestimmten Gebiet sein, versteht es sich von selbst, dass er oder sie versuchen sollte, sein Wissen Stück für Stück an die anderen zu vermitteln.

Trüffeln und Drogen auf der Spur

Mancherorts nutzt man die feine Nase von Hausschweinen zur Trüffelsuche. Sie werden abgerichtet, diese besondere Pilzsorte zu suchen, die im Boden wächst und als Delikatesse geschätzt wird.
Ein Wildschwein namens Luise war darüber hinaus Deutschlands erstes Polizeispürschwein. Luise wurde 1985 offiziell in den Beamtenstand erhoben und in die Hundestaffel Hildesheim aufgenommen. Mit ihrer feinen Nase spürte sie Substanzen wie Sprengstoff oder Rauschgift selbst 75 Zentimeter tief im Erdboden sicher auf! Luise wirkte in zahlreichen TV-Sendungen, zwei Operetten und einem Kinofilm mit.

Detektiv-Archiv

Unumgänglich für jeden Detektivclub ist das Anlegen einer zentralen Sammelstelle für alle Unterlagen, Informationen und Spuren, die mit der Zeit anfallen. Dieses Archiv kann unterschiedliche Bereiche umfassen:

Archiviert die Identitäten aller Clubmitglieder. Am besten geht das auf Karteikarten in Postkartengröße in einem passenden Karteikasten (wahlweise auch einem Schuhkarton mit zugeschnittenen Karten).

Jeder Detektiv erhält seine eigene Karte, auf der Name, Deckname, Eintrittsdatum in den Club, unveränderliche Kennzeichen (plus Fingerabdrücke) und besondere Fähigkeiten festgehalten werden.

Adressen und Ansprechpartner von befreundeten Detektivclubs.

CLUBS

KONTAKT PERSONEN

MITGLIEDER

Name:
Deckname:
Datum des Eintritts:
unveränderl. Merkmale:
Besondere Fähigkeiten:

Clubs

Mitglieder

Kontaktpersonen

Informationen

Spuren

Adressen und Besonderheiten von Kontaktleuten, Informanten, Zeugen, Verdächtigen, etc.

Beschattungsberichte, Zeugenaussagen, Fallbeschreibungen, etc.

Fingerabdrücke, Fußabdrücke in Gips, etc. Im Idealfall kann ein Clubmitglied mit Computerkenntnissen die Verwaltung all dieser Informationen im PC übernehmen. Im Rechner lässt sich ein Großteil der Informationen mit wenig Aufwand abspeichern und es ent- fällt eine Menge Papierkram. Außerdem könnt ihr mühelos Kopien von wichtigen Unterlagen (Aktionspläne o. ä.) ausdrucken, bequem Daten vergleichen sowie eventuellen Briefverkehr (z. B. mit anderen Clubs) ganz professionell mit dem Computer erledigen.

Informationen sammeln und bearbeiten

Ein wichtiges Kapitel deiner Detektivausbildung ist die Untersuchung von Tatorten. Sowohl beim Detektivspiel als auch, falls du zufällig einmal Zeuge einer kriminellen Handlung werden solltest, ist kontrolliertes und beherrschtes Vorgehen am Ort des Geschehens außerordentlich wichtig.

Die folgenden drei Punkte haben Lara und Tim zu »Goldenen Regeln der Tatortuntersuchung« ernannt. Du solltest sie bei jedem deiner Einsätze stets im Hinterkopf behalten:

Goldene Regel

1

Keine Spuren verwischen!
Untersuche die Einzelheiten des Tatorts zunächst nur mit den Augen – berühre nichts mit bloßen Fingern!

Goldene Regel
3

Nun geht's ans Eingemachte: Der Tatort wird untersucht, die Lage aller Dinge in einer Tatortskizze festgehalten.
Du misst Spuren aus, sicherst Fingerabdrücke und verwahrst Fundstücke in Plastiktüten oder Kuverts aus deinem Tatortkoffer (mit einer Notiz, wo exakt du sie gefunden hast).

Goldene Regel
2

Details merken!
Notiere dir exakt, was du siehst – auch, wenn es sich zunächst nur um unwichtige Kleinigkeiten zu handeln scheint. Wenn du die Möglichkeit hast, mache Fotos.

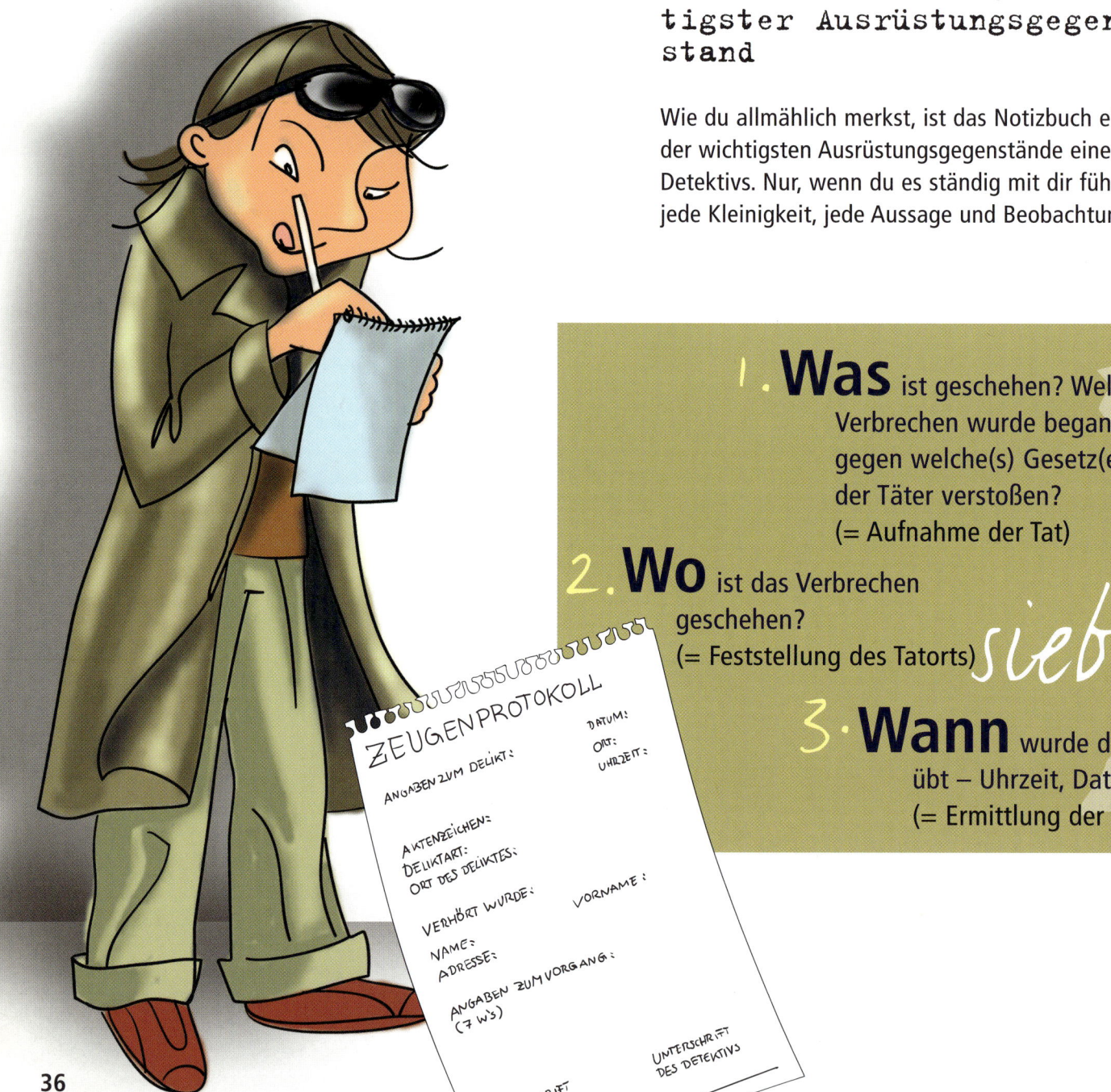

Das Notizbuch – dein wichtigster Ausrüstungsgegenstand

Wie du allmählich merkst, ist das Notizbuch einer der wichtigsten Ausrüstungsgegenstände eines Detektivs. Nur, wenn du es ständig mit dir führst und jede Kleinigkeit, jede Aussage und Beobachtung

1. **Was** ist geschehen? Welches Verbrechen wurde begangen, gegen welche(s) Gesetz(e) hat der Täter verstoßen?
(= Aufnahme der Tat)

2. **Wo** ist das Verbrechen geschehen?
(= Feststellung des Tatorts) *sieben*

3. **Wann** wurde die Tat verübt – Uhrzeit, Datum?
(= Ermittlung der Tatzeit)

ZEUGENPROTOKOLL
DATUM:
ORT:
UHRZEIT:
ANGABEN ZUM DELIKT:

AKTENZEICHEN:
DELIKTART:
ORT DES DELIKTES:

VERHÖRT WURDE:
VORNAME:
NAME:
ADRESSE:

ANGABEN ZUM VORGANG:
(7 W's)

UNTERSCHRIFT
DES ZEUGEN

UNTERSCHRIFT
DES DETEKTIVS

sorgfältig darin festhältst, kannst du sicher sein, später bei der Analyse des Falles alle Details parat zu haben, die eventuell für die Klärung wichtig sein könnten.

Lara und Tim haben die Erfahrung gemacht, dass an Tatorten oder bei spannenden Beobachtungen häufig verwirrend viele Informationen zusammenkommen.

Herr Immich hat ihnen daraufhin von den »sieben Ws« erzählt, einem Fragenkatalog, den u. a. auch die Kriminalpolizei verwendet, um die wichtigsten Punkte am Tatort in eine sinnvolle Ordnung zu bringen. Wenn du dir die sieben Ws einprägen kannst, werden sie dir beim Erstellen deiner Notizen gute Dienste leisten:

4. Wer ist das Opfer, wer hat möglicherweise etwas beobachtet, wer könnte die Tat begangen haben?
(= Sammeln von Fakten über Opfer, Zeugen, Täter)

5. Wie ist der Täter beim Verüben der Tat vorgegangen? Hatte er Helfer, Aufpasser?
(= Ermittlung des Tathergangs)

6. Womit arbeitete der Täter, welche Methoden oder Hilfsmittel wandte er an?
(= Feststellung der verwendeten Tatwerkzeuge)

7. Warum hat der Täter so gehandelt?
(= Untersuchung des Motivs)

Den ersten vier Punkten lässt sich häufig durch Beobachtungen und Aussagen von Zeugen beikommen. Die Klärung der letzten drei erfordert die Kombinationsfähigkeit des Detektivs.

Detaillierte Personen- beschreibung

Ganz wichtig für deine erfolgreiche Arbeit als Detektiv sind deine Beobachtungsgabe und die Fähigkeit, dir auf die Schnelle möglichst viele Einzelheiten einprägen zu können. Das ist wichtig, wenn du in der Aufregung am Tatort sachdienliche Beobachtungen machen oder anhand von Zeugenaussagen, vorliegenden Beweisstücken und eigenen Beobachtungen einen Fall aufklären willst.

Lara und Tim haben sich zu Übungszwecken angewöhnt, in der Schule, auf der Straße oder beim Einkaufen willkürlich Passanten auszuwählen, von denen sie sich dann im Stillen möglichst viele optische Merkmale einprägen. Zu Hause vergleichen sie anschließend, wer sich pro Person die meisten Details merken konnte.

Einprägsame Details können sein:

- **Geschlecht** (Frau oder Mann?)

- **Körpergröße** (groß, klein, dazwischen?)

- **Alter** (Erwachsener, Kleinkind, etc.)

- **Figur** (dick, dünn, etc.)

- **Kleidung** (Farbe, Material, gepflegt, evtl. Kopfbedeckung?)

- **Gesicht** (Form: rund, schmal, oval, kantig, birnenförmig? Hautfarbe: blass, braun gebrannt, rot, picklig, etc.)

- **Haare/Frisur** (Farbe, volles Haar/Glatze, lockig/glatt, Scheitel, etc.)

- **Bart** (lang/kurz, Vollbart, Schnäuzer, Kinnbart, etc.)

- **Kinn** (flach, spitz, kantig, rund, gespalten etc.)

- **Augen** (Farbe, Form, Stellung im Gesicht, schielend, Brille?)

- **Augenbrauen** (buschig, zusammengewachsen, gerade/gebogen?)

- **Nase** (Größe, Form: Hakennase, mit Höcker, spitz, breit, knollig, etc.)

- **Mund** (breit, klein, schmale/volle Lippen, heruntergezogene Mundwinkel?)

- **Hände (falls sichtbar)** (kräftig, zart, behaart, Fingernägel, Ringe?)

- **Besondere Kennzeichen** (Buckel, Tätowierungen, Narben, Gehfehler, etc.)

Dies sind nicht nur Punkte, die du dir selbst einprägen, sondern bei einer Zeugenvernehmung auch durch gezieltes Fragen aus anderen herauskitzeln können solltest. Es sind eine ganze Menge, aber wenn du erst wie Lara und Tim eine Weile in deiner Freizeit trainiert hast, wirst du sie irgendwann spielend im Griff haben.

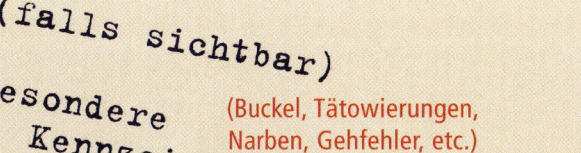

Veränderliche Merkmale

In Täterbeschreibungen von Augenzeugen tauchen oft »veränderliche Merkmale« auf. Das sind Kennzeichen, die ein Verdächtiger ohne große Mühe verändern kann, damit eine Beschreibung über ihn nicht mehr auf ihn zutrifft. Einige dieser Veränderungen kann man jedoch auch später noch nachweisen:

➔ Ein Mann mit Brille wurde beobachtet, der festgenommene Verdächtige aber trägt keine. Ein Blick auf seine Nasenwurzel kann Aufschluss darüber geben, ob er bis vor kurzem noch eine trug: Brillenträger haben dort oft den Abdruck des Brillenbügels.

➔ Haare, die am Ansatz eine andere Farbe haben, deuten auf eine Färbung hin. Wenn gefärbte Haare nachwachsen, wird nahe bei der Kopfhaut die ursprüngliche Naturfarbe wieder sichtbar.

➔ Ist die Haut eines Mannes auf der Oberlippe oder an Backen und Kinn heller als im Rest seines Gesichts, ist dies ein Zeichen dafür, dass er bis vor kurzem an der entsprechenden Stelle noch einen Bart trug.

zuckt mit Augenbrauen

dreht Däumchen

zwirbelt Haarsträhnen

kaut auf Lippe

spielt mit Schuhen

Charakteristische Angewohnheiten

Jeder Mensch hat ganz eigene, charakteristische Angewohnheiten, z. B. unbewusste Gesten, die er in bestimmten Situationen ausführt. (Lara z. B. kaut ohne es zu merken an den Nägeln, wenn sie aufgeregt ist; Tim bläst die Backen auf, wenn er sich konzentriert; Erdmann zuckt mit dem rechten Ohr, wenn er sich freut; usw.)

Auch Gauner haben solche verräterischen Angewohnheiten, und weil diese eben meist unbewusst ablaufen, lassen sie sich auch während eines Verhörs nicht abschalten. Solche Angewohnheiten können sein:

- unwillkürliches Zwinkern
- nervöses Füßetrommeln
- Nägelkauen
- Beine doppelt verschränken
- Lutschen oder Kauen an den Schnurrbartspitzen
- nervöses Kratzen am Ohr
- Haarsträhnen um den Finger zwirbeln
- auf einem Zahnstocher herumkauen

Solche Angewohnheiten wahrzunehmen, erfordert eine gewisse Übung. Am besten, du machst es wie Lara und Tim und trainierst deine Beobachtungsgabe jederzeit, ganz egal, wo du gerade bist.

Wie wird ein Phantombild erstellt?

Wenn ein unbekannter Tatverdächtiger flüchtig ist, von dem keine Fotos vorliegen, benötigt die Polizei die Hilfe von Zeugen. Anhand ihrer Aussage wird ein Phantombild erstellt. Dazu gibt es bei der Polizei speziell ausgebildete Grafiker. Sie setzen sich mit den Zeugen an einen Computer, wo per Mausklick mithilfe eines besonderen Bildbearbeitungsprogramms aus einzelnen Gesichtsteilen ein Porträtbild des Verdächtigen zusammengestellt wird. Haut-, Haar- und Augenfarbe werden ebenso berücksichtigt wie die Lage von Nase, Ohren, Kinn, das Aussehen von Frisur, Bart, besonderen Kennzeichen und vielem mehr. Natürlich hängt die Genauigkeit des Bildes sehr stark von der Erinnerung der Zeugen ab. Wenn die Polizei aufgrund aller verfügbaren Zeugenaussagen ein ansatzweise einheitliches Bild erstellen kann, geht dieses Phantombild zur Fahndung an die Öffentlichkeit.

Der Phantombildkatalog

Du kannst dir selbst einen Phantombildkatalog anlegen, um anhand von Zeugenaussagen das Bild unbekannter Verdächtiger zusammenzustellen:

Phantombildkatalog

1. Nimm die Blätter eines unlinierten Heftes und schneide sie in vier gleich große Querstreifen. Der erste Streifen ist für die Haare bzw. unterschiedlichen Frisurtypen, der zweite für die Augenpartie (inklusive Brauen und Nasenwurzel), der dritte für die Nase und der vierte für Mund, Wangen und Kinn.

2. Zeichne nun auf die erste Seite (die vier Streifen der Seite liegen exakt untereinander) ein Gesicht. Wenn du fertig bist, tausche einzelne Streifen aus und zeichne andere Varianten an die entsprechenden Stellen. Achte darauf, dass die Übergänge der einzelnen Gesichtsteile von der Größe her jeweils aneinander passen. Mach weiter, bis du möglichst viele Einzelteile beisammen hast (männliche und weibliche Gesichter sowie Frisuren einplanen, verschiedene Altersgruppen berücksichtigen).

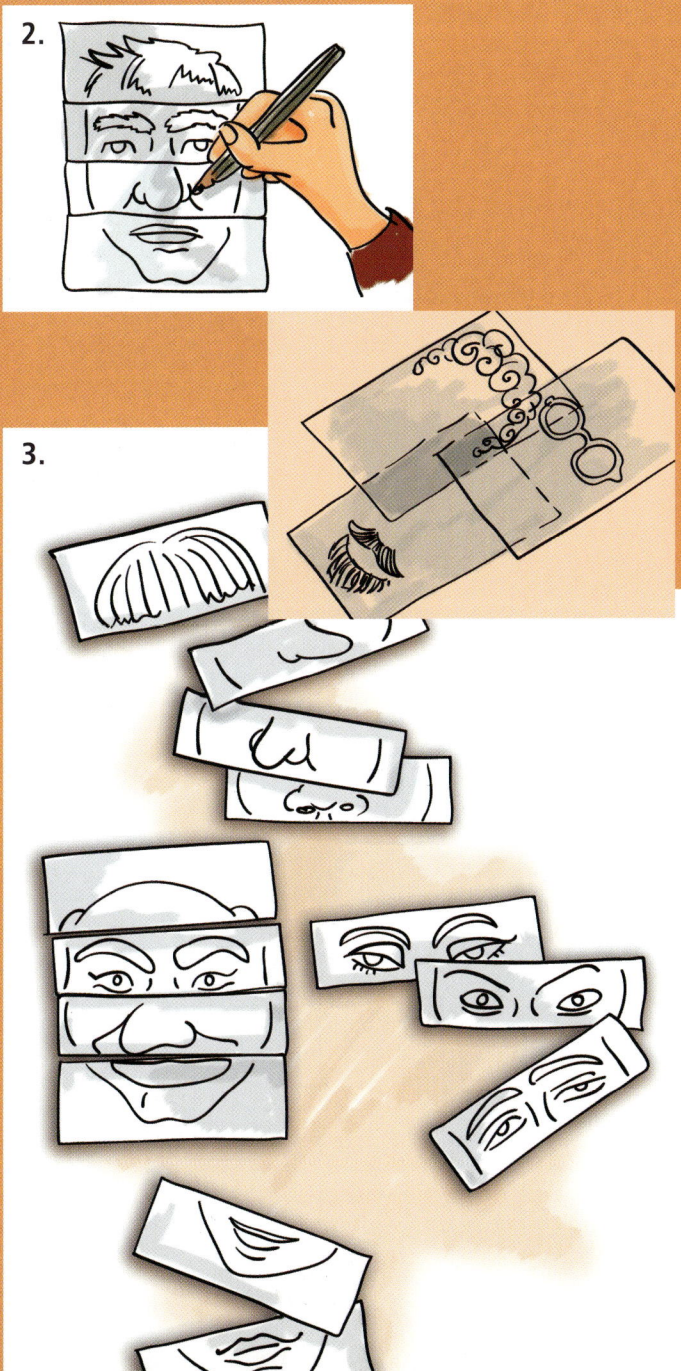

2.

3.

3. Da Bärte und Brillen ein Gesicht stark verändern können, solltest du als Ergänzung zu deinem Katalog auf durchsichtigen Folien oder Transparentpapierstreifen einige Bartformen (Schnurrbärte, Vollbärte, Kinnbärte, etc.) sowie unterschiedliche Brillen vorbereiten. Auch sie müssen in der Größe bzw. Breite zu den zuvor gezeichneten Streifen passen.

Nun lässt sich eine ganze Menge verschiedener Gesichter darstellen. Durch regelmäßiges Ergänzen kannst du deinen Katalog erweitern, bis du wie die Polizei quasi jedes Gesicht als Phantombild rekonstruieren kannst.

Eine gute Übung für den Umgang mit der selbstgebastelten Phantombildkartei, die auch noch Spaß macht, haben Lara und Tim gefunden: Lara denkt sich eine Person aus, die beide gut kennen (z. B. Herrn Immich). Sie nennt nun Tim markante Merkmale dieser Person, ohne ihm allerdings zu verraten, an wen sie denkt. Gemeinsam suchen sie die entsprechenden Gesichtsteile heraus und versuchen, das Gesicht zu rekonstruieren. Sobald Lara mit dem entstandenen Bild halbwegs zufrieden ist, muss Tim erraten, um wen es sich handelt. Hat er es raus, geht es mit vertauschten Rollen weiter.

Berühmte Detektive und Verbrechensbekämpfer
aus Literatur & Film

Sherlock Holmes

Sherlock Holmes

Die berühmteste Romanfigur des schottischen Schriftstellers und Arztes Sir Arthur Conan Doyle (1859-1930) wurde zum zeitlosen Sinnbild aller Detektive: Sherlock Holmes. Seine große, hagere Gestalt, die ausgeprägte Hakennase und sein obligatorisches Zubehör (Schirmmütze, Pfeife, Lupe) sind jedem Kind vertraut, ebenso seine Londoner Adresse, die Baker Street 221b. Aktiv macht er sich an die Klärung seiner Fälle, untersucht Tatorte, verhört Verdächtige, findet mit Lupe und Pinzette nahezu unsichtbare, aber verräterische Spuren. Seine Beobachtungsgabe lässt ihn dabei zu Schlussfolgerungen gelangen, die zunächst verblüffend wirken. Im Gespräch mit seinem ständigen Begleiter Dr. Watson erklärt Holmes seine Schlüsse dann logisch, so dass die Zusammenhänge sich auch dem Leser erschließen.

Kein anderer Autor hat das Genre der Kriminalliteratur so nachhaltig geprägt wie Sir Arthur Conan Doyle. Als er seinen Meisterdetektiv 1893 »sterben« ließ, setzte ein weltweiter Proteststurm ein, woraufhin er neue Geschichten schreiben musste. Neben insgesamt 56 Kurzgeschichten verfasste Arthur Conan Doyle vier Romane um den hakennasigen Detektiv; zu den bekanntesten gehört zweifellos »Der Hund der Baskervilles« (1901/02).

Mehr über Sherlock Holmes findest du im Internet unter www.sherlock-holmes.co.uk.

Miss Marple

Hercule Poirot

Hercule Poirot

Bei dem kleinen Belgier mit dem großen Schnurrbart handelt es sich um eine weitere Detektivfigur, die sich die Engländerin Agatha Christie (s. o.) ausgedacht hat. Im Gegensatz zu Miss Marple oder Sherlock Holmes hält dieser eher träge Privatdetektiv nicht viel von aktiver Spurensuche, von Fingerabdrücken und der Arbeit mit der Lupe. Viel lieber führt er ausführliche Gespräche mit den Beteiligten und lässt seine »kleinen grauen Zellen« für sich arbeiten. Am Ende fügt er im Kopf alle losen Enden zusammen und löst den Kriminalfall quasi vom Lehnstuhl aus.

Miss Marple

Ein fast ebenso bekannter Detektiv wie Sherlock Holmes ist eine sympathische alte Dame, die in zahlreichen Romanen der englischen Schriftstellerin Agatha Christie (1890-1976) Verbrecher jagt und Kriminalfälle aufklärt. Mag die etwa siebzigjährige Jane Marple auch auf manchen Gauner einen leicht einfältigen oder naiven Eindruck machen – in Wirklichkeit ist sie höchst clever und entlarvt jeden Straftäter auf humorvolle und rationale Weise.
Die Romane Agatha Christies werden heute in allen möglichen Sprachen gelesen, viele ihrer Geschichten um Miss Marple wurden im Laufe der Jahre auch verfilmt. Einige der bekannteren heißen »Der Wachsblumenstrauß«, »16 Uhr 50 ab Paddington« oder »Mörder Ahoi«.

Pater Brown

Wer würde hinter einem kleinen rundlichen Pfarrer mit großem schwarzem Hut und einem unförmigen Regenschirm einen aufgeweckten Detektiv vermuten? Doch trotz (oder gerade wegen) seiner unauffälligen Erscheinung gelingt es Pater Brown, eigent-

lich Beichtvater und Seelsorger in häufig wechseln-
den kleinen Ortschaften, immer wieder, Straftäter zu
überführen.

Der aufgeweckte katholische Geistliche, von dem
englischen Autor Gilbert Keith Chesterton (1874-
1936) Anfang des zwanzigsten Jahrhunderts erfun-

Kalle Blomquist

Pater Brown

den, verfügt nämlich über die Fähigkeit, sich in Geist
und Seele anderer Menschen hineinzuversetzen. So
sieht er deren Reaktionen und Handlungen voraus
und gelangt letztlich zur richtigen Lösung.

Bekannt geworden sind die Pater Brown-Geschichten
in Deutschland vor allem durch die unterhaltsamen
Verfilmungen mit Heinz Rühmann in der Hauptrolle.

Kalle Blomquist

Im Jahre 1953 dachte sich die schwedische Dichterin
und Kinderbuchautorin Astrid Lindgren (1907-2002)
einen jugendlichen Meisterdetektiv aus: Kalle
(eigentlich: Karl) Blomquist ist ein Junge mit ganz
klarem Berufsziel: Detektiv oder gar nichts! Und da
er mit der Ausübung seines Traumberufs nicht erst
warten will, bis er erwachsen ist, besorgt er sich die
unumgängliche Standardausrüstung eines jeden
Detektivs (Lupe und Pfeife – letztere natürlich ohne
Tabak) und begibt sich daran, verzwickte Fälle um
Juwelendiebstahl, versteckte Schätze und sogar
Menschenraub zu entwirren – mit Erfolg!

Egal, wie gerissen ein Täter vorgeht – jede Tat hinterlässt Spuren. Daher zählt die Spurensicherung für jeden Detektiv zu den Disziplinen, die er im Schlaf beherrschen muss. Folglich musst du in der Lage sein, ein Zimmer unauffällig und schnell zu untersuchen, ohne dabei Spuren zu verwischen oder gar selbst welche zu hinterlassen.

Hierzu gehört einmal mehr ein bisschen Übung. Auch Lara und Tim (und ganz besonders Erdmann) haben eine Weile gebraucht, bis sie wussten, wie sie sich an Tatorten zu verhalten und wie sie bestimmte Spurenarten zu deuten haben. Doch keine Angst – mit der Zeit werden auch dir die nachfolgenden Spurenarten und Beweissicherungsmethoden in Fleisch und Blut übergehen.

Warum darf man am Tatort nichts verändern?

Oberste Regel beim Betreten eines Tatorts: Nichts verändern oder berühren, was nicht unbedingt nötig ist – jede Handlung kann wichtige Spuren verwischen! Muss ein Polizist, der unvermittelt am Ort eines schweren Verbrechens eintrifft, dies dennoch einmal tun – etwa, um Verletzten Erste Hilfe zu leisten –, müssen die vorgenommenen Veränderungen sofort notiert werden. Denn kleinste Details wie z. B. die genaue Lage eines Beweisstückes oder eines Toten können oft Aufschluss über den Ablauf der Tat geben.

Verschiedene Spurenarten

Spuren sind der Schlüssel zur Klärung eines Verbrechens. Dass es neben Fuß- und Fingerabdrücken noch diverse andere Sorten von Spuren gibt, ist jedem Detektiv klar. Sie am Ort des Geschehens zu entdecken, ist wichtig, sie zuordnen und deuten zu können fast noch wichtiger.

Bei der Untersuchung eines Tatorts ist deshalb mit Bedacht und Vorsicht vorzugehen. (Wer ein Schwein als Mitglied in seinem Detektivclub hat, sollte es vorsichtshalber an die Leine nehmen oder vor der Tür lassen – sonst ist schneller alles voller neuer Spuren, als man die vorhandenen sichern kann …)

Fäden oder **Fasern** von Textilien lassen möglicherweise Rückschlüsse auf die Kleidung des Täters zu.

Schmutz (Erde, Staub, Zigarettenkippen u. ä.) kann verraten, wo der Täter vor der Tat war, welche Zigarettenmarke er raucht, etc.

Werden **Haare** gefunden, können daraus im Labor viele wichtige Informationen über den Täter gewonnen werden, u. a. sein Alter.

Fußabdrücke von Sohlen verraten, welche Schuhe der Täter trug. Haben sie Besonderheiten? Lässt sich vielleicht herausfinden, woher man sie beziehen kann und wer dort in letzter Zeit ähnliche Modelle gekauft hat?

Aus **Reifenspuren** lassen sich neben der Art des Täterfahrzeugs noch andere Informationen ablesen, u. a. die Richtung, aus der ein Täter kam oder in die er verschwand.

Hat der Täter am Tatort **Gegenstände** aus seinem privaten Besitz verloren (Feuerzeug, Knöpfe, Zettel mit Handschrift o. ä.), lassen diese möglicherweise Rückschlüsse auf den Besitzer zu. Liegen gebliebene **Tatwerkzeuge** (Messer, Brechstange, Schraubenzieher o. ä.) können unter Umständen anhand ihrer Seriennummern von der Polizei zum entsprechenden Händler zurückverfolgt werden.

Wie die Kriminalpolizei Spuren sichert

Um selbst keine Spuren zu verwischen, tragen die Spezialisten der Spurensicherung fusselfreie Schutzanzüge, Überschuhe und Handschuhe. Werden biologische Spuren des Täters gefunden (etwa Schuppen, Haare, Hautpartikel, Blut oder Speichel), kommen diese in ein Labor. Anhand von genetischen Informationen innerhalb solcher Körperzellen, der so genannten DNS, kann man dann die Person ermitteln, zu der sie gehören. Dieser »Bauplan« enthält alle biologischen Informationen eines Menschen, u. a. Augen- und Haarfarbe, Geschlecht oder Alter. Man spricht deshalb vom »genetischen Fingerabdruck«. Zum Sichern von Fußspuren legt die Polizei eine spezielle Folie auf den Abdruck. Ein elektrisches Gerät lädt die vom Schuhprofil zurückgelassenen Schmutzpartikel magnetisch auf. Dadurch bleibt der Schmutz in der exakten Form des Profils auf der Folie haften.

Spurensuche am Tatort

Zunächst kommt immer der Boden des Tatorts an die Reihe, da die Gefahr besteht, dass im Verlauf der Ermittlungen dort Spuren verwischt oder zerstört werden könnten. Sobald ungefähr absehbar scheint, was geschehen ist, wird nach allen möglichen Arten von Spuren gesucht. Werden welche gefunden, muss jedes Fundstück einzeln verpackt werden, am besten in ein Plastiksäckchen. Die Lage jedes Fundstücks sowie die Uhrzeit seiner Auffindung müssen notiert werden.

Nicht alle Spuren, die man findet, lassen sich einfach einpacken und mitnehmen. Bei einigen ist nur eine Fotografie möglich, andere müssen vielleicht zunächst präpariert werden, wie etwa Fußspuren oder Reifenabdrücke.

Einen ganzen Raum so zu untersuchen, dass kein noch so winziges Detail unbeachtet bleibt, ist nicht einfach. Was also tun, wenn es darum geht, möglicherweise versteckte Indizien aufzustöbern, die einen Täter entlarven können? Tim hat ein paar nützliche Tipps:

- Steht dir genügend Zeit zur Verfügung, unterteile den Raum in aller Ruhe mit Kreide oder Bändern in einzelne Sektoren, die du dann der Reihe nach unter die Lupe nimmst.
- Hast du es dagegen eilig oder musst du unauffällig operieren, suche den Raum systematisch im Uhrzeigersinn ab. Starte, von der Eingangstür aus gesehen, links und arbeite dich spiralförmig bis ganz nach rechts vor.
- Deine Blickrichtung sollte immer von oben nach unten verlaufen, d. h. bei einer Kommode kommt zuerst die oberste Schublade an die Reihe, zuletzt die unterste.
- Betrachte jeden Gegenstand von allen Seiten. An den unerwartetsten Stellen können sich wichtige Spuren verbergen – zum Beispiel Fingerabdrücke.

Fingerabdrücke verraten den Täter

Mach es doch mal wie Tim und untersuch deine Fingerspitzen mit einer Lupe. Wenn du die Rillenmuster vergleichst, stellst du fest, dass jeder Finger ein eigenes aufweist. Nirgendwo auf der Welt gibt es einen Menschen, der die gleichen Rillenmuster an den Fingerspitzen hat wie du! Diese persönlichen Erkennungszeichen ändern sich auch nicht, wenn du älter wirst oder dich an den Fingerspitzen verletzen solltest – sie wachsen mit neuer Haut immer wieder identisch nach.

Da menschliche Finger immer ein bisschen fettig und feucht sind, hinterlassen sie wie kleine Stempel Abdrücke ihres Rillenmusters an allen Gegenständen, die sie berühren. Besonders deutlich sind diese Muster auf glatten, glänzenden Oberflächen, z. B. Glasscheiben oder Trinkgläsern, aber auch auf lackierten Möbeln und Türen zu erkennen.

Mithilfe eines feinen Pulvers können Fingerabdrücke, also die fettigen Abdrücke der Kapillarlinien, an Tatorten sichtbar gemacht, fotografiert und mit einem Klebeband abgenommen werden. Später können sie im Polizeilabor mit den Fingerabdruckblättern des Bundeskriminalamtes verglichen werden, um den Täter herauszufinden.

Um unerkannt Verbrechen begehen zu können, kam in den dreißiger Jahren ein Verbrecher mit Namen Robert Pitts auf den Einfall, sich die Kapillarlinien seiner Finger durch einen chirurgischen Eingriff entfernen zu lassen. Das Experiment gelang, Pitts hinterließ von nun an keine Fingerabdrücke mehr! Dummerweise machte ihn aber genau das unter Milliarden anderen Menschen mit Fingerabdrücken sehr auffällig und einfach zu identifizieren – die Polizei erwischte ihn umgehend und er landete im Gefängnis!

Fingerabdrücke aufspüren und sichtbar machen

Da Fingerabdrücke so wichtige und unbestechliche Beweismittel sind, musst du Übung im Aufstöbern und Sichern dieser Spurenart erlangen. Dabei handelt es sich um eine richtige Spezialwissenschaft, für

die selbst die Kriminalpolizei geschulte Fachleute beschäftigt. Aber Lara und Tim zeigen dir, wie man hierbei auch als Nachwuchsdetektiv mit etwas Fingerspitzengefühl zu beachtlichen Ergebnissen gelangen kann.

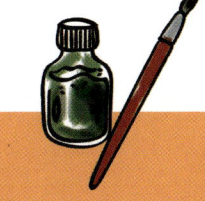

Hinterlasse zur Übung einen eigenen Fingerabdruck, z. B. auf einer Glasscheibe: Hauche kurz gegen deinen Finger und presse ihn vorsichtig gegen das Glas.

Stelle. (Graphitpulver erhältst du, indem du mit einem Stückchen Schmirgelpapier eine Bleistiftmine zerreibst. Das gewonnene Pulver bewahrst du in einem kleinen Fläschchen auf. Es eignet sich in dieser Form gut für helle Untergründe. Für dunkle Oberflächen färbe einen Teil des Pulvers mit weißer Tafelkreide grau.)
Verteile das Pulver mit einem weichen Haarpinsel und puste oder pinsele das überschüssige Pulver vorsichtig weg – der Abdruck wird deutlich sichtbar!

Es entsteht ein Abdruck, den du untersuchen kannst. Um den Fingerabdruck sichtbar zu machen, streue vorsichtig etwas Graphitpulver auf die betreffende

Die Arbeit mit Fingerabdruckpulver bewährt sich vor allem auf glatten Flächen (z. B. Metall, Glas oder Papier). Auch auf Schreibtischplatten oder Holzfußböden lässt es sich anwenden. Lara und Tim haben allerdings die leidvolle Erfahrung gemacht, dass man schon sehr viel Glück haben muss, um auf Holz einen verwertbaren Fingerabdruck zu sichern – es sei denn, die Fläche ist poliert oder lackiert.
Auch auf sehr dunklen Flächen treten Fingerabdrücke manchmal nicht klar zum Vorschein. Nimm in solchen Fällen deine Lupe zu Hilfe.

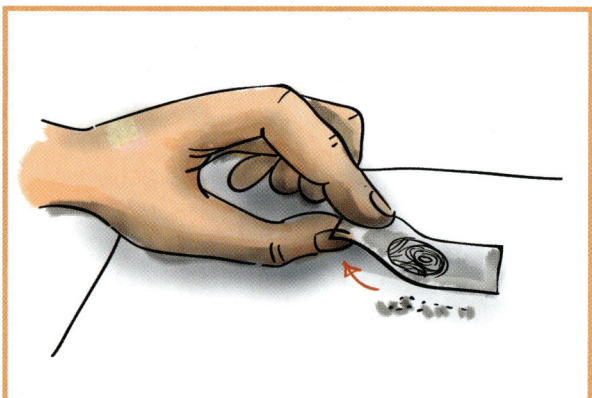

Sicherstellen von Fingerabdrücken

Angenommen, du hast einen Fingerabdruck gefunden, ihn wie oben beschrieben sichtbar gemacht und seinen Fundort notiert. Dann gilt es als Nächstes, ihn zu archivieren.
Nimm einen Streifen breites, transparentes Klebeband, klebe es vorsichtig über den Abdruck und drücke es mit dem Fingernagel gleichmäßig an. Wenn du das Band nun langsam abziehst, kannst du es mitsamt dem daran haften gebliebenen Fingerabdruck in dein Notizbuch kleben. (Ein hilfreicher Trick: Fingerabdrücke, die du mit hellem Pulver abgenommen hast, klebst du in deinem Notizbuch auf ein Stück dunkles Papier.)

Achtung: Fingerabdrücke verwischen außerordentlich leicht und werden so unbrauchbar. Fass daher nichts unbedacht an! (Türklinken mit dem Ellbogen öffnen, kleine Gegenstände mit einer Pinzette bewegen, Schubladen mit einem Stift o. ä. öffnen, Gläser oder Tassen anheben, indem du vorsichtig die Hand hineinsteckst und die Finger spreizt – so kannst du ein Gefäß anheben, ohne Fingerabdrücke auf der Außenseite zu verwischen.)
Findest du auf Anhieb keine Abdrücke, überlege logisch, was der Täter angefasst haben könnte und untersuche die in Frage kommenden Objekte.

Die Fingerabdruckkartei

Willst du nun den sicher gestellten Abdruck mit dem eines Verdächtigen vergleichen, musst du diesem zunächst seine Fingerabdrücke »abnehmen«. Dazu benötigst du Karteikarten, ein Stempelkissen, einen Stift und ein Lineal.

Achtung: Verlass dich nie allein auf dein Gedächtnis – beschrifte stets genau: Von wem stammt der Abdruck? Welcher Finger ist in welchem Kästchen? Auf welchen Fingerabdrücken ist welches Muster zu erkennen?

Fingerabdruckkartei

Male zehn Kästchen für die zehn Fingerabdrücke auf eine Karteikarte. Rolle jeden einzelnen Finger des Verdächtigen einmal von links nach rechts über das Stempelkissen (ohne hin- und herzureiben), danach über die Karteikarte. So erhältst du im Idealfall einen vollständigen, ovalen Abdruck.

Mithilfe der so zusammengestellten Karteikarten legst du nach und nach eine Fingerabdrucksammlung an. Stelle auch von deinen eigenen Abdrücken eine Karte her, um später ausschließen zu können, dass du aus Versehen deine eigenen Abdrücke für die eines Verdächtigen hältst.

Fingerabdrucktypen

Bei Fingerabdrücken gibt es bestimmte Grundformen, die immer wieder in ähnlicher Gestalt (wenngleich nie identisch) auftreten. Sobald du eine größere Zahl von Fingerabdrücken gesammelt hast, wirst du lernen, die vier grundlegenden Typen von Fingerabdruckmustern zu unterscheiden:

Wirbel

Bögen

Schleifen

Misch-formen

Was man von Fingerabdrücken lernt

Experten erkennen anhand eines einzelnen Abdrucks, von welcher Hand er stammt. Fingerabdrücke verraten weiterhin, was ein Täter am Tatort gemacht hat – nimmt man einen Gegenstand in die Hand, bleiben andere Abdrücke zurück, als wenn man mit den Fingern gegen etwas drückt, an etwas zieht, etc. Auch die Handflächen können dabei Spuren hinterlassen.

Weitere Spurenarten

Auch anhand anderer, weniger bekannter Abdruckspuren lassen sich Straftäter überführen: So können **Ohren**, die wie Finger immer ein bisschen feucht und fettig sind, Spuren hinterlassen, wenn sie – z. B.

beim Lauschen – an eine glatte Fläche gedrückt werden.

Lippen, deren Abdrücke sich häufig am Rand von Trinkgefäßen feststellen lassen, weisen ebenfalls ein individuelles Faltenmuster auf, das eine Person identifizieren kann.

Sogar **Zahnspuren** können zur Ergreifung eines Täters führen, wenn der Abdruck seines Gebisses mitsamt eventuellen Besonderheiten (Zahnlücken, o. ä.) in einem angebissenen Lebensmittel am Tatort zurückbleibt.

Schuh- und Fußabdrücke

Läuft ein Täter barfuß über einen glatten Boden, hinterlässt er eine Fußspur, die wie ein Fingerabdruck sichtbar gemacht und mit Klebefolie abgenommen werden kann. Auch Zehen hinterlassen Abdrücke, die ebenfalls unverwechselbar sind.

Abdrücke von Schuhen auf hartem Untergrund finden sich dagegen nur, wenn der Täter zuvor in etwas getreten ist (Blut, Öl, Mehl, Erde, etc.). Dann hinterlassen seine Sohlen deutliche Muster auf glatten Böden. Sie können fotografiert oder mit speziellen Pulvern und Flüssigkeiten deutlicher sichtbar gemacht werden.

Und draußen? Die besten Abdrücke findet man hier in weichem, lockerem Untergrund, etwa Erde. Sie werden auf Länge, Breite und Tiefe hin untersucht. Auch Profil und Form der Sohle sind wichtig. Erstelle daher Skizzen und wenn möglich einen Gipsabdruck. So kannst du später den gefundenen Abdruck in Ruhe mit den Schuhen Verdächtiger vergleichen. Weiterhin kannst du von ihnen einiges über den Täter erfahren, z. B.:

• seine **Schuhgröße** bzw. die **Art seiner Schuhe**: Trug er Arbeitsstiefel, Sportschuhe, Sandalen, alte abgetretene Sohlen, etc.?

• die **Richtung**, die er einschlug sowie seine **Geschwindigkeit**: Ging er langsam? (Ganze Abdrücke in kurzen Abständen sind zu sehen, die Fußspitzen weisen etwas nach außen.) Ist er gerannt? (Nur die Fußspitzen sind erkennbar, die Abdrücke liegen weit auseinander.)

• **Auffälligkeiten** seines Ganges: Weist die Fußstellung merklich nach innen oder außen, ging er am Stock oder hinkte er?

• seine **Körpergröße** (große oder kleinere Schrittlänge) sowie sein ungefähres **Gewicht**: Tiefe Abdrücke in weichem Untergrund deuten auf ein höheres Gewicht hin – oder der Täter hat etwas Schweres getragen.

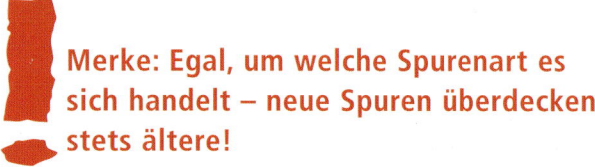

Merke: Egal, um welche Spurenart es sich handelt – neue Spuren überdecken stets ältere!

Hier noch einige Profitipps, was Reifenspuren in freier Natur oder auf Feldwegen verraten können:

- Ein zügig fahrendes Auto schleudert Staub und Erde immer in Fahrtrichtung – also nach vorne.
- Wasser unter einem Reifen (z. B. aus einer Pfütze) spritzt ebenfalls nach vorne sowie zur Seite.
- Erde wird in Schollen nach hinten geschoben, wenn sich ein Auto langsam vorwärts bewegt oder auf losem Grund anfährt.
- Wenn Flüssigkeiten (Öl oder Wasser) von einem fahrenden Wagen tropfen, zeigen die Spitzen immer in Fahrtrichtung – je schneller das Auto fährt, umso länger sind die Tropfen.
- Gras wird immer in Fahrtrichtung umgeknickt.

Reifenspuren

Mit etwas Übung lassen sich die geheimnisvollen Linienmuster, die man neben der Straße oder im weichen Waldboden findet, ihrem Verursacher zuordnen. Autoreifen z. B. hinterlassen immer zwei parallele Spuren. Aus ihrer Spurweite, also dem Abstand vom linken zum rechten Reifen, kann man auf die Größe des Autos oder Lastwagens schließen. Weiterhin aussagekräftig sind Reifenbreite und -profil. Spurensicherer vermessen beides und gießen deutliche Abdrücke der Reifen mit Gips aus.

Doch nicht nur Autos hinterlassen Reifenspuren. Auch Fahrräder, Motorräder oder -roller, Dreiräder und sogar Kinderwagen liefern Abdrücke, aus denen man viel herauslesen kann.

Fahrräder beispielsweise hinterlassen zwei unabhängige Spuren. Der Hinterreifen beschreibt immer eine gerade Linie, während das Vorderrad abwechselnd links und rechts davon herläuft. Mit dieser Pendelbewegung hält der Fahrer das Gleichgewicht. Je schneller das Fahrrad gefahren ist, desto flacher sind die Bögen.

Vogel

Hirsch

Hase

Eichhörnchen

Fuchs

Pferd

Kuh

Ziege

Tierspuren

Wenn Lara und Tim gemeinsam mit Erdmann in freier Natur auf Abenteuer- und Spurensuche gehen, stoßen sie im Erdboden häufig auf die Pfotenabdrücke von allerlei Lebewesen, die dort ebenfalls ein- und ausgehen.
Die hier abgebildeten Tierspuren solltest auch du als Fährtenleser erkennen und zuordnen können.

Hund

Katze

Spurenabgüsse in Gips

Nachdem du gelernt hast, dass fast alles Spuren im weichen Boden hinterlässt, wird Lara dir zeigen, wie du mit Gips die Spuren von Autoreifen, Schuhen, nackten Füßen, Tierpfoten, Fahrradreifen etc. abformen und zum späteren Vergleich aufbewahren kannst.

Solltest du gerade keine verdächtige Spur parat haben, mach es wie Tim: Zieh einen Schuh mit ausgeprägter Profilsohle an, z. B. einen Wanderschuh oder Gummistiefel. Nun such dir einen Sandkasten mit feuchtem Sand oder ein Beet mit lockerer Erde und tritt behutsam hinein, ohne eventuelle Pflanzen zu beschädigen. Schon hast du einen aussagekräftigen Schuhabdruck!

Nun brauchst du:

- Gips
- eine alte Dose oder Schüssel
- einen alten Löffel
- einen glatten, biegsamen Pappstreifen
- ein paar Büroklammern
- etwas Vaseline

1.

1. Entferne mit einer Pinzette vorsichtig Blätter, Steinchen etc. aus der Vertiefung.
2. Nachdem du die Innenseite des Pappstreifens mit Vaseline eingefettet hast (damit der Gips nicht anklebt), lege den Streifen aufrecht stehend wie einen Kragen um den Abdruck und befestige die Enden mit Büroklammern aneinander.
Rühre in der Schüssel oder Dose entsprechend der Packungsanleitung etwas Gips mit Wasser an. (Mengenangaben beachten!) Gleichmäßig mit dem Löffel verrühren, bis eine gleichmäßige Masse entsteht.
Gieße den Gips von der Seite her langsam etwa 2-3 cm hoch in die Umrandung.
3. Lass den Gips ca. 20 Minuten trocknen. Dann entferne die Pappe und säubere den Abdruck von losen Krümeln.
4. Nun hältst du einen Negativabdruck in den Händen. Das heißt, dieser Abguss bildet den ursprünglichen Abdruck umgekehrt ab.

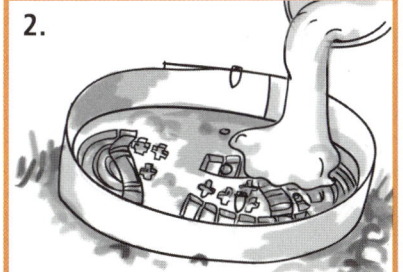

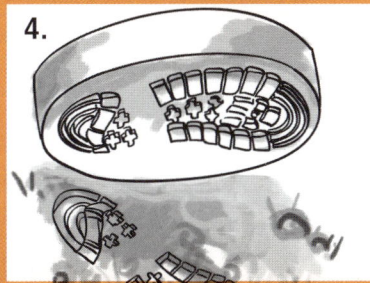

Um einen Positivabdruck (also eine exakte Kopie der sichtbaren Spur) zu bekommen, musst du das Verfahren ein weiteres Mal anwenden: Lege den gewonnenen Abdruck mit dem Relief nach oben auf den Boden und fette ihn gründlich ein.
Fette auch den Papprand neu ein und lege ihn aufrecht um den Abdruck.
Gieße eine 2-3 cm hohe Schicht Gips in die Umrandung.

5. Wenn der Gips richtig trocken ist, entferne den Papprand und trenne die beiden Abdrücke vorsichtig mit einem Messer. Vergiss keinesfalls, den fertigen Abdruck auf der Rückseite zu beschriften (Fundort, Zeit, etc.)!

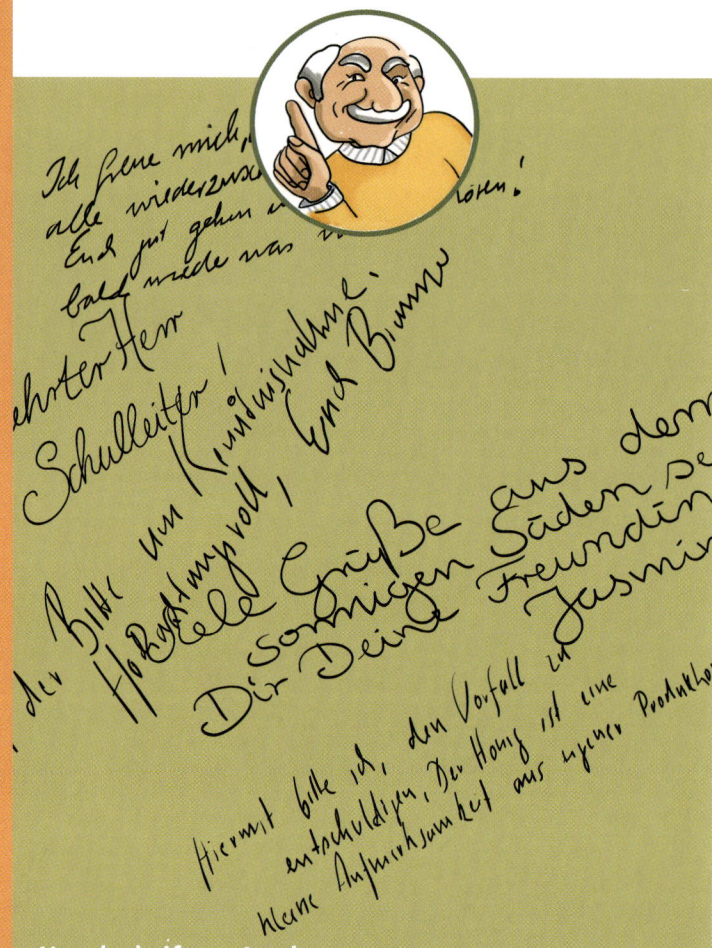

Handschriften-Analyse

Ähnlich aussagekräftig wie der Finger- oder Fußabdruck eines Täters ist seine Handschrift. Folglich kann auch sie eine wichtige Spur darstellen. Zusammen mit dem photographischen Bild und der phonographischen (d. h. akustischen) Speicherung der menschlichen Stimme stellt die Analyse der Handschrift eine von drei wesentlichen Praktiken dar, die seit der zweiten Hälfte des 19. Jahrhunderts die Arbeit der Polizei bedeutend effektiver machen.

Die Befragung von Zeugen

Im direkten Anschluss an einen Vorfall sind Zeugen, ganz gleich, ob es sich um Zuschauer oder Geschädigte handelt, meist sehr aufgeregt. Ein guter Detektiv wird unter diesen Umständen nur dann brauchbare Informationen von ihnen erhalten, wenn er sie zunächst beruhigt und anschließend einfache, gezielte Fragen stellt. Dies erleichtert den Zeugen die Konzentration, und mit etwas Übung kannst du so trotz allem Trubel am Tatort wichtige Einzelheiten in Erfahrung bringen.

Ein Detektiv muss auf seinen Gesprächspartner eingehen können und vertrauenserweckend wirken, sonst wird er keine Informationen erhalten. Durch deine Untersuchung des Tatorts und die daraus abgeleiteten Schlussfolgerungen kannst du die Anzahl der Verdächtigen bereits einkreisen. Die übrigen solltest du genau befragen. (Notizen machen nicht vergessen!)

Verhören von Zeugen und Verdächtigen

Da Menschen sich oft nur unzureichend an Dinge erinnern, die sie gesehen haben, ist es für Detektive zuweilen nicht einfach, einen guten Zeugen zu finden. Auf folgende Punkte solltest du bei einer Zeugenbefragung achten:

- Behauptet jemand steif und fest, nichts gesehen und gehört zu haben – obwohl das eigentlich der Fall sein müsste?
- Ist der Zeuge auffällig redselig und verliert sich in Nebensächlichkeiten, die mit den gestellten Fragen und der Tat gar nichts zu tun haben?
- Versucht er immer wieder, den Verdacht auf eine bestimmte Person zu lenken – um dadurch von sich selbst abzulenken?

Mit folgenden Kniffen kannst du einem Verdächtigen unter Umständen zum Ende eines Verhörs Aussagen entlocken, die er sonst vielleicht nicht freiwillig machen würde:

Du behauptest, seine Aussage widerspräche denen mehrerer anderer Zeugen, die etwas ganz anderes behauptet haben.

Du versuchst, ihn in Widersprüche zu verwickeln, indem du ihm etwas in den Mund legst, was er gar nicht gesagt hat.

Sprechen bereits viele Beweise gegen den Hauptverdächtigen und verhält dieser sich sehr nervös, kannst du noch einen Schritt weitergehen und behaupten, eine andere Person wäre so gut wie überführt, der Fall sei praktisch gelöst. Oft verändert sich daraufhin schlagartig das Verhalten des Verdächtigen, er wird Erleichterung und Freude zeigen und in den meisten Fällen versuchen, die (falsche) Verdächtigung des Detektivs noch zu bestärken. Für dich als Ermittler aber sind all das sichere Zeichen dafür, dass dir der wahre Täter gegenübersitzt.

Achte beim Verhör auch auf Tonfall und Körpersprache deines Gegenübers – sie verraten oft viel mehr als das, was ihm über die Lippen kommt:

➜ Eine vornüber gebeugte Sitzhaltung, evtl. mit verschränkten Armen, zeugt von einer aggressiven Abwehrhaltung. Der Verdächtige will möglicherweise etwas verbergen.

➜ Übereinander geschlagene Beine und verschränkte Arme deuten dagegen auf Verschlossenheit hin. Der Befragte wird nicht über alles die Wahrheit sagen.

➜ Beißt sich jemand auf die Lippen, kann das ein Zeichen für Angst sein – fürchtet der Befragte sich, etwas Falsches oder zu viel auszusagen? Auch Nägelkauen, dem Blick des Verhörleiters ausweichen, ständig zwinkern, mit den Haaren spielen oder an der Kleidung herumzupfen verrät Nervosität – gibt es einen Grund dafür?

➜ Ein abgehackter Sprachfluss mit unlogischen oder unvollständigen Sätzen macht verdächtig. Das andere Extrem ebenso: Jede Aussage ist sprachlich so perfekt, dass sie wie auswendig gelernt wirkt. Auch ständige Wiederholungen, eine zittrige Stimme oder ständiges Räuspern sollten dich hellhörig machen.

 **Also: Merke dir nicht nur, was dein Gegenüber aussagt, sondern auch, wie und mit welcher Körperhaltung es gesagt wird. Lass dich bei deinen Schlussfolgerungen jedoch nie allein davon beeinflussen, wie sympathisch oder unsympathisch dir ein Verdächtiger ist!**

Alle Aussagen und Beobachtungen der befragten Personen werden anschließend im Notizbuch festgehalten.

Umgang mit Alibis und ihre Überprüfung

Unter Alibi versteht man den Nachweis, dass jemand zur Tatzeit an einem anderen Ort als dem Tatort war und deshalb als möglicher Täter ausscheidet. Aber: Hat ein Verdächtiger kein Alibi, heißt das noch lange nicht, dass er deshalb der Täter sein muss!
Da die Frage nach dem Alibi über die Unschuld eines Verdächtigen entscheiden kann, wird gerade hier häufig gelogen. Deine Aufgabe als guter Detektiv ist es dann, echte von falschen Alibis zu unterscheiden und Zeugen zu finden, die sie bestätigen oder widerlegen können.
Dazu müssen zunächst alle am Tatort anwesenden Personen und alle Zeugen befragt und ihre Aussagen untereinander verglichen werden. Zweifle grundsätzlich zunächst jede Aussage an.

Ein aktueller Kalender hilft dir auf die Schnelle, Angaben zu Wochentagen zu kontrollieren. Gibt der Verdächtige beispielsweise an, zur Tatzeit eine ganz bestimmte Fernsehsendung angeschaut zu haben, muss er auch sagen können, was in dem Film passierte. Ob die Aussagen des Befragten richtig sind, lässt sich später leicht anhand einer Fernsehzeitung überprüfen.

Am Ende eines erfolgreich abgeschlossenen Verhörs stehen die Überführung des Täters und, wenn du Glück hast, sein Geständnis.

Der Wahrheitstest

Während eines Verhörs können sich Puls, Blutdruck und Atmung eines Verdächtigen verändern. Ein Lügendetektor kann dies feststellen. Da diese Geräte aber nicht immer zuverlässig arbeiten, werden sie in vielen Ländern nicht verwendet.

Zum Spaß und für das Detektivspiel hat Lara sich ausgedacht, wie du einen »kleinen Bruder« des echten Lügendetektors basteln kannst. Damit kannst du feststellen, ob die Hand eines Verdächtigen zittert, während du ihn verhörst, und ob er dir vielleicht Lügen auftischt.

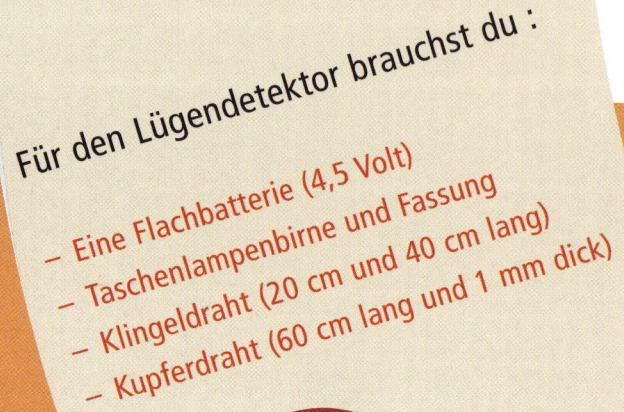

Für den Lügendetektor brauchst du :

– Eine Flachbatterie (4,5 Volt)
– Taschenlampenbirne und Fassung
– Klingeldraht (20 cm und 40 cm lang)
– Kupferdraht (60 cm lang und 1 mm dick)

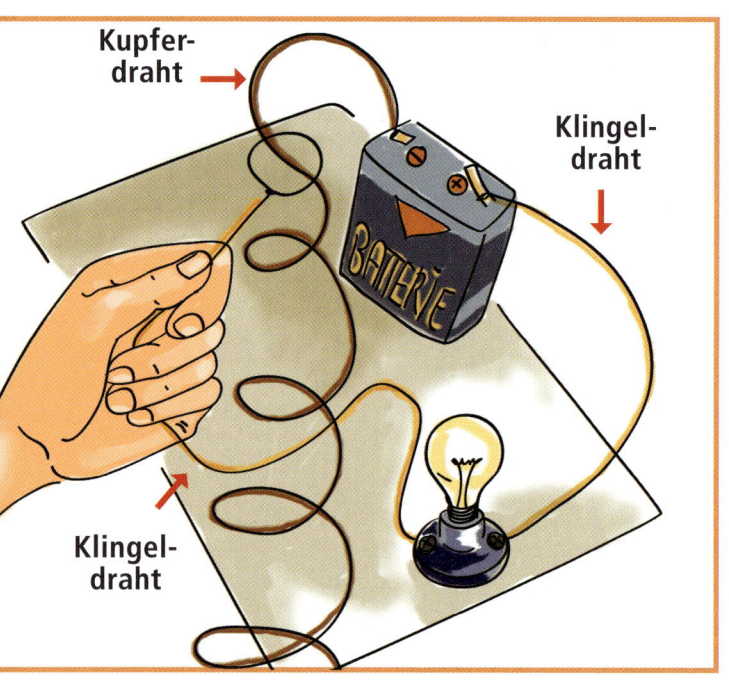

Kupfer-draht →

Klingel-draht ↓

Klingel-draht ↗

1. Trenne mit Schere oder Zange 3 cm der Plastikhülle vom Klingeldraht ab. (Bitte evtl. einen Erwachsenen, dir dabei zu helfen.)
2. Biege den Kupferdraht wie abgebildet und befestige ein Ende am Minuspol (–). Hilf mit Klebeband nach.
3. Befestige ein Ende des Klingeldrahts (20 cm) am Pluspol (+) der Batterie, das andere an einer der Schrauben der Birnenfassung.
4. Befestige das zweite Drahtstück (40 cm) an der zweiten Kontaktschraube der Fassung. Forme am anderen Ende eine Schlinge.

Sobald die Schlinge am Klingeldrahtende den Kupferdraht berührt, leuchtet die Birne auf. Wenn sie nicht aufleuchtet, überprüfe die Kontakte.

Mit diesem Apparat prüfen Tim und Lara bei ihren »Top Secret«-Clubtreffen gerne, wer von ihnen das ruhigere Händchen hat: Wer am schnellsten die Schlinge über den Draht führen kann, ohne dass die Birne aufleuchtet, gewinnt.

Auch Verhörszenen lassen sich nachstellen: Einer ist der Detektiv, der das Verhör leitet. Er lässt den Ver-

dächtigen die Schlinge über den Draht führen, während er Fragen beantwortet. Wird seine Hand so unruhig, dass er die Birne zum Leuchten bringt, lügt er vielleicht. (Natürlich kann eine Hand auch zittern, weil jemand einfach nervös ist ...)

Eine der Vorbedingungen, um erfolgreich als Detektiv arbeiten zu können, ist eine gute Geheimschrift, die außer dir und deinen Detektivkollegen niemand entschlüsseln kann – schließlich gibt es wichtige Geheimnisse zwischen euch!

Lara und Tim arbeiten mit verschiedenen Methoden, um Botschaften innerhalb ihres Detektivclubs im wahrsten Sinne »Top Secret« zu halten. Auf den folgenden Seiten verraten sie dir einiges über Geheimsprachen und -schriften und wie du Nachrichten mit Geheimtinte schreiben kannst, von der nur der Sender (also der Verfasser) und der Empfänger (derjenige, der die Botschaft bekommt) wissen. Aber Vorsicht: Vor Codeknackern ist fast niemand sicher!

Folgende Punkte solltest du in Bezug auf Geheimbotschaften stets im Hinterkopf behalten:

Der Empfänger entschlüsselt die Nachricht mithilfe eines verabredeten Geheimzeichens – des Schlüssels. Dieser muss ihm bekannt sein oder mitgeliefert werden.

Deine geheimen Botschaften sollten sich an jedem Ort und zu jeder Zeit mit einfachen Mitteln und geringem Aufwand anfertigen lassen. Daher sollte der Schlüssel leicht zu merken, die Botschaft einfach zu lesen sein.

Unsichtbares Schreiben

Wenn du mit Geheimtinte eine Nachricht unsichtbar versenden willst, verwende zum Schreiben niemals eine Feder, da sie Kratzspuren im Papier hinterlassen kann. Notiere deine Nachrichten statt dessen möglichst mit einem dünnen Pinsel. Hast du keinen zur Hand, eignen sich auch ein Streichholz oder ein Zahnstocher.

Schlüssel und Kryptogramm (also chiffrierte Botschaft) müssen einfach zu transportieren und zu übermitteln sein. Fasse deine Botschaft knapp und präzise ab (Telegrammstil). Anreden oder Satzzeichen fallen weg, Zahlen schreibst du als Wörter aus.

Natürlich solltest du vermeiden, eine Nachricht mit Geheimtinte auf ein völlig leeres Blatt Papier zu schreiben – das wäre bei der späteren Übergabe viel zu auffällig. Geschickter ist es, eine zweite, harmlose Nachricht mit Kuli, Tinte oder Computer auf eine Seite Papier zu schreiben. Im nächsten Schritt wird die geheime Nachricht mit einer entsprechenden unsichtbaren Tinte zwischen diesen Zeilen notiert. Spezialisten schreiben ihre Nachrichten auch gerne auf die Rückseite eines Fotos, eine Briefmarke, einen Zeitungsausschnitt, ein Stück Toiletten- oder Küchenpapier, ein Stofftaschentuch, etc.

Häufiges Wechseln der Verschlüsselungsverfahren mindert die Gefahr der Entdeckung.

Unsichtbare Tinte aus dem Vorratsschrank

Frucht-Tinte lässt sich einfach aus durch einen Kaffeefilter gesiebtem Obstsaft herstellen. Am besten geeignet sind Zitrusfrüchte, also Zitronen, Limonen, Orangen und Grapefruits. Genauso gut kannst Du aber auch Äpfel oder Zwiebeln auspressen, oder aber du nimmst weißen Essig.

Frucht-Tinte wird nach dem Auftragen auf Papier an der Luft trocknen gelassen. Nach nur wenigen Minuten kannst du die Geheimschrift wieder sichtbar machen. Hierzu fährst du mit einem niedrig eingestellten Bügeleisen mehrmals über das Papier. Die Frucht-Tinte reagiert auf die Wärme und färbt sich braun, sobald du das Papier erwärmst, Essig wird rot und Zwiebelsaft schwarz. Mach so lange weiter, bis die Botschaft klar zu erkennen ist.

Auch mit einer normalen Zimmerlampe mit möglichst starker Birne kannst du die Geheimtinte wieder zum Vorschein kommen lassen: Halte das Papier mit fünf bis zehn Zentimetern Abstand an die Lichtquelle. Aber Vorsicht, dass du weder deine Finger noch das Papier überhitzt! (Verzichte aus Sicherheitsgründen auf die offene Flamme einer Kerze zum Sichtbarmachen von Geheimschrift!)

Eine weitere einfache Methode: Trage normale Milch aus der Tüte mit einem Pinsel auf ein Blatt dickes Papier oder Karton auf. Um die Geheimnachricht wieder sichtbar zu machen, bestreust du das Papier mit einem feinen Pulver (Fingerabdruckpulver, Zigarettenasche oder Graphit). Du verreibst es vorsichtig mit dem Finger – schon ist die Nachricht sichtbar!

Ein gewitzter Trick zum Übermitteln von Botschaften mithilfe unsichtbarer Tinte ist das Einkringeln oder Unterstreichen von Buchstaben in einem Buch oder einer Zeitschrift. Nur, wenn der Empfänger des Buches oder der Zeitschrift die Tinte sichtbar macht und die markierten Buchstaben anschließend im Zusammenhang liest, erhält er die Originalbotschaft. Kommt eine solche Geheimbotschaft in falsche Hände, wird sie selten Verdacht erregen – sie ist ja unsichtbar!

Prägeschrift

Nicht nur mit Geheimtinten kannst du unsichtbare Botschaften verfassen. Nimm dir einen Schreibblock und einen Bleistift. Schreib deine Nachricht auf den Block und drück dabei fest mit dem Stift auf, damit auf der Seite darunter ein Abdruck (Prägung) zurückbleibt.

Die Seite, auf der die Nachricht ursprünglich steht, wirfst du weg oder du versteckst sie.

Wenn der Empfänger die Nachricht, die auf der zweiten Seite zurückbleibt, nun wieder sichtbar machen will, muss er nur mit einem flach gehaltenen Bleistift ganz leicht das Blatt schraffieren, und der Text wird lesbar. Alternativ kann man das Papier auch in einem abgedunkelten Raum schräg mit einer Taschenlampe beleuchten.

Botschaften aus Wachs

Alles, was du hierfür brauchst, sind eine weiße Kerze, zwei Blätter Papier und ein Bleistift. Wachse zunächst das erste Blatt gleichmäßig ein, indem du mit der Kerze wie mit einem Stift darüber reibst. Lege den zweiten Bogen darauf und drehe beide Blätter zusammen um. Nun schreib deine Botschaft mit viel Druck auf die Rückseite der gewachsten Seite – das Wachs wird sich in Form der Buchstaben auf das leere Blatt abdrücken. (Vergiss nicht, die sichtbare Nachricht anschließend wegzuwerfen!) Du kannst die Prozedur auch vereinfachen, indem du dir aus einem in den Handinnenflächen gerollten Stückchen Wachs einen kleinen Stift formst. Damit schreibst du deine Botschaft dann direkt aufs Papier. Und so machst du den Text wieder lesbar: Streue Kakao-, Kaffee- oder Graphitpulver auf die geheime Botschaft. Reibe leicht darüber, dann bleibt das Pulver auf den eingewachsten Stellen hängen, und die Nachricht ist wieder sichtbar.

Sollte dir an einem Tatort ein Notizblock o. ä. auffallen, zögere nicht, das oberste Blatt nach unbeabsichtigten Prägungen zu untersuchen. Oft erfährt man so, was zuletzt auf diesem Block geschrieben wurde – auch wenn die Seite mit dem Originaltext längst entfernt wurde. Auf diese Weise werden in der Polizeipraxis nicht selten wichtige Hinweise und Indizien (Telefonnummern, Adressen etc.) entdeckt.

Der Kringel-Trick

Hierfür brauchen du und deine Kontaktperson jeweils ein Exemplar des selben Buches. Leg einen dünnen Zettel auf eine Buchseite, der durchscheinend genug ist, dass man die Buchstaben des Buches durch das Papier erkennen kann. Den ersten und den letzten Buchstaben der Seite markierst du nun mit einem schwarzen Punkt. Dann kreist du auf dem Zettel jeden der durchscheinenden Buchstaben ein, der in deiner Nachricht vorkommt.

Deinem Kontaktmann musst du natürlich angeben, welche Buchseite du benutzt hast. Er muss den Zettel später an derselben Stelle in sein Exemplar des Buches einlegen. An den schwarzen Punkten erkennt er die Position des ersten und des letzten Buchstabens. Listet er nun die Buchstaben, die in den Kreisen durch den Zettel schimmern, auf, kann er problemlos die Botschaft zusammensetzen, die du ihm übermitteln willst.

Unsichtbare Nachrichten aufspüren und sichtbar machen

Auf folgende Weise gehst du vor, wenn du eine abgefangene feindliche Nachricht oder einen Brief auf geheime Hinweise prüfst: Halte den Brief gegen das Licht, um Spuren zu entdecken. Überprüfe den Text auf verdächtige Zusammenhänge. Dann teste das Papier in der folgenden Reihenfolge mit:

1.
feinem Pulver oder Asche (für Wachsnachrichten)

2.
Wärme (für Saftnachrichten)

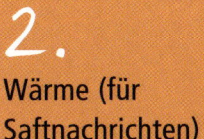

3.
Kakao oder Kaffee (für Prägeschriften und Milchnachrichten)

Codes und Chiffren für streng Geheimes

Die Buchverschlüsselung

Für die Technik der Buchverschlüsselung müssen Schreiber und Empfänger das gleiche Buch besitzen. Man vereinbart eine bestimmte Seite. Als Beispiel nimm Seite 76 dieses Buches. Sie dient als Schlüssel. Der zu verschlüsselnde Klartext lautet »ERDMANN«. Die Verschlüsselung geht folgendermaßen: Der erste zu verschlüsselnde Buchstabe ist das E. Im Schlüssel (Buchseite) ist in der 1. Zeile der 6. Buchstabe ein E. Der erste Geheimbuchstabe ist also 1.6. Der zweite Buchstabe ist das R, das in der 4. Zeile an 5. Stelle auftaucht. Der zweite Geheimbuchstabe ist somit 4.5. Der Geheimtext lautet am Ende also: 1.6 4.5 5.4 9.1 1.10 3.6 2.11.

Diese Methode ist besonders sicher, denn es gibt unzählige Möglichkeiten, den Geheimtext zusammenzustellen. Außerdem kann man den Code nur knacken, wenn man die entsprechende Buchseite kennt und zur Verfügung hat.

Statt nur einen Buchstaben kannst du auch gleich ein ganzes Wort auswählen. Versuche anhand dieses Buches folgendes Geheimnis zu lösen: 12.6.5 15.15.10 11.16.2.* Das bedeutet, blättere zu Seite 12, nimm Zeile 6, das 5. Wort, usw.

*(Lösung: Treffpunkt bei Immich)

Die Polybios-Tafel

Von 200-120 v. Chr. lebte der griechische Geschichts-
schreiber Polybios. Er verfasste nicht nur die erste
Universalgeschichte der Welt, sondern erfand auch
knifflige Verschlüsselungsmöglichkeiten. Deshalb
trägt das folgende System bis heute seinen Namen.
In der Polybios-Tafel entspricht jeder Buchstabe
deiner Botschaft einem Zahlenpaar. Wenn du ein A
verschlüsseln willst, suchst du zuerst rechts die entsprechende Zahl neben dem Buchstaben, dann die
Zahl darüber. Aus A wird so 11, aus B wird 12, aus T
44. »Top Secret« hat also die Zahlenkombination 44,
34, 35, 43, 15, 13, 42, 15, 44.
Zu Zeiten der russischen Zaren benutzten übrigens
Gefangene, die im Kerker saßen, die Polybios-Tafel,
um sich mit Klopfzeichen durch die Wände ihrer
Zellen Botschaften zukommen zu lassen. Willst du
das auch versuchen, ersetze einfach die Ziffern durch
die entsprechende Anzahl von Klopfzeichen.

	1	2	3	4	5
1	A	B	C	D	E
2	F	G	H	I/J	K
3	L	M	N	O	P
4	Q	R	S	T	U
5	V	W	X	Y	Z

Selbstgebastelte Chiffrier-werkzeuge

Lara hat sich einige manuelle Mechanismen zur Ver-
und Entschlüsselung von Botschaften ausgedacht,
die schnell gebaut sind und dir in Zukunft gute
Dienste leisten können:

Die Skytale

Hierfür benötigst du zwei ca. 20 Zentimeter lange, runde Holzstäbe mit gleichem Durchmesser (etwa ein Zentimeter). Hast du keine zur Hand, hilf dir einfach mit zwei gleichen Stiften. Jetzt schneidest du dir dünne Papierstreifen zurecht. Der Einfachheit halber tut es auch eine Luftschlange aus dem Faschingsbedarf. Wickele den Papierstreifen spiralförmig um einen der Holzstäbe. Anfang und Ende befestigst du mit einem kleinen Stückchen Klebefilm. Wenn du den Stab nun quer vor dir hältst, kannst du deine Botschaft von links nach rechts darauf schreiben. Für jeden Buchstaben verwendest du eine neue Lage des aufgewickelten Papiers. Sobald eine »Zeile« voll ist, wird der Holzstab ein Stück weiter gedreht und die nächste vollgeschrieben. Ist deine Botschaft vollständig, löst du das Papier vom Stab – und die Buchstaben auf dem Streifen stehen ohne erkennbare Reihenfolge kunterbunt hintereinander! Nur wer einen identischen Holzstab hat, kann die Botschaft entschlüsseln, indem er den Papierstreifen einfach wieder ordentlich aufwickelt.

Geheimschriften-Gitter

Hierfür benötigen Sender und Empfänger der Geheimbotschaft zwei gleiche Schablonen. Kopiere dir die unten abgebildete Vorlage zweimal und schneide die kleinen schwarzen Quadrate aus.

Lege nun das Gitter mit dem Punkt in der linken oberen Ecke des Blattes an, das du beschreiben willst. Schreibe deine Botschaft Buchstabe für Buchstabe in die offenen Felder hinein, bis das letzte Fenster erreicht ist. Drehe das Gitter auf gleichbleibender Fläche um 90 Grad nach rechts (im Uhrzeigersinn) und schreibe weiter. (Insgesamt kannst du das Gitter dreimal drehen.) Bleiben am Ende Kästchen frei, weil deine Botschaft zu kurz ist, fülle die restlichen Felder mit beliebigen Buchstaben auf. Nur wenn das Quadrat komplett gefüllt ist, ist deine Botschaft sicher verschlüsselt.

Kopiervorlage Geheimschriften-Gitter:

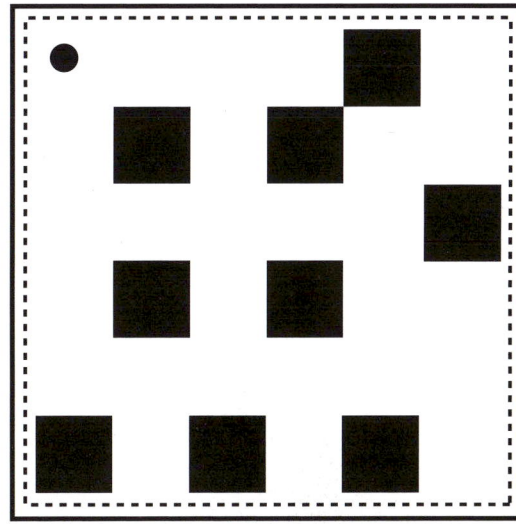

Dein Kontaktmann legt zum Entschlüsseln sein Gitter auf die Botschaft, wobei er darauf achtet, dass der Punkt in der linken oberen Ecke liegt. Nun kann er die Buchstaben in den Fenstern lesen und bei Bedarf weiterdrehen.

Kopiervorlage Caesar-Prinzip:

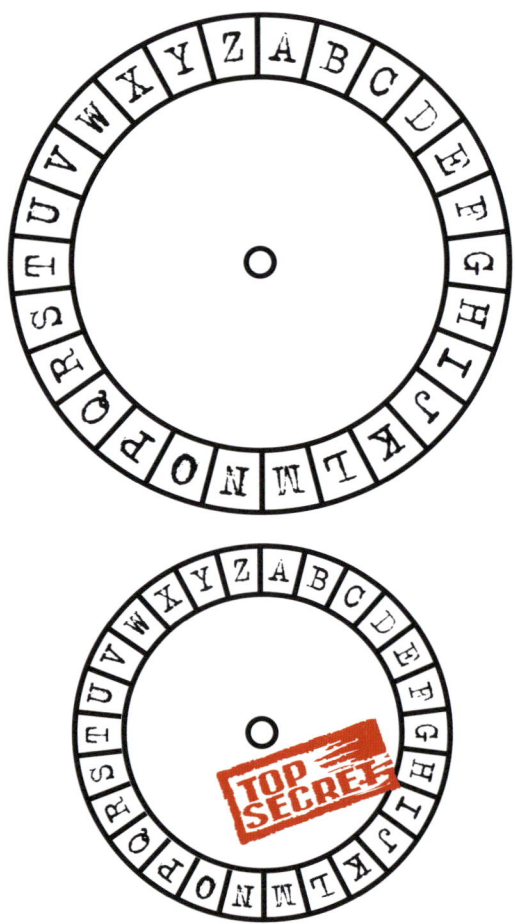

Das Caesar-Prinzip

Kopiere dir die links abgebildeten Scheiben zweimal. Lege je eine kleine auf eine große, bohre ein Loch in die Mitte und steck eine Briefklammer so hindurch, dass sich die kleine Scheibe gut drehen lässt – deine Verschlüsselungswerkzeuge sind fertig. Ein Exemplar bleibt bei dir, das andere bekommt dein Kontaktmann. Um eine Nachricht zu verschlüsseln, wählst du dir auf der kleineren Scheibe einen Codebuchstaben aus, zum Beispiel das R. Drehe die kleine Scheibe so, dass das R unter dem A der großen steht. Nun suchst du auf der äußeren Scheibe die Buchstaben der Nachricht, die du verschlüsseln willst, und ersetzt jeden einzelnen durch den, der ihm auf der kleinen Scheibe zugeordnet ist. (Findest du heraus, was Top Secret – mit dem Codebuchstaben R – in Geheimschrift heißt?)*

Natürlich musst du deinem Kontaktmann den Codebuchstaben, den du verwendet hast, mit angeben, damit er in der Lage ist, die Botschaft wieder zu entschlüsseln.

*(Lösung: KFG JVTIVK)

Codes knacken leicht gemacht

Mit der Zeit wirst du dich, ganz wie Lara und Tim, mit dem Verschlüsseln von Geheimbotschaften immer besser auskennen und dir schon bald ein passendes Kodierungsverfahren für deinen Detektivclub aussuchen. Doch was tun, wenn du eines Tages eine verschlüsselte Botschaft von jemand anderem in die Hände bekommst und wissen möchtest, was sie bedeutet? Da hilft nur eins: Du musst versuchen, sie zu entschlüsseln.

Unmöglich? Keineswegs! Mit ein paar einfachen Tricks und Kniffen lässt sich das bewerkstelligen.

Wenn es sich um einen Text in deutscher Sprache handelt, suche nach verräterischen Wiederholungen in der chiffrierten Botschaft: Mach dir eine Strichliste, um zu ermitteln, welches Zeichen am häufigsten vorkommt. In einem normalen deutschen Text ist der häufigste Buchstabe E – mit großer Wahrscheinlichkeit ist das am meisten benutzte Zeichen in der Geheimschrift also mit dem E identisch.

Bilde den chiffrierten Satz nun mit Punkten nach – pro Buchstabe ein Punkt, Wortzwischenräume (sofern vorhanden) werden genau eingehalten. Wenn du glaubst, das E ermittelt zu haben, probiere, der Lösung mit deiner Caesar-Scheibe auf die Spur zu kommen. Klappt dies nicht, versuche anhand der folgenden Tabelle, den zweithäufigsten Buchstaben herauszufinden, usw.:

- **Buchstaben nach ihrer Häufigkeit:**

E N R I S T U D A H G L O C M B Z F W K V P J Q X Y

- **Kombinationen aus zwei Buchstaben:**

EN ER CH DE GE EI IE IN BE NE TE UN EL DI ST

- **Kombinationen aus drei Buchstaben:**

EIN ICH DEN DER CHT TEN SCH CHE GEN DIE UND UNG

Manchmal begeht der Sender auch Fehler, die dir auf die Sprünge helfen: Er verwendet z. B. Wortzwischenräume oder Groß- und Kleinschreibung.

Geheimsprachen

Geheimsprachen sind nützlich, um sich mit Detektiv-kollegen zu unterhalten, ohne dass die Umwelt mit-bekommt, um was es geht. Aber Vorsicht! Erwachse-ne verstehen diese Sprachen manchmal auch ...

➔ Die O-Sprache

Eine eigene geheime Sprache zu erfinden, in der man sich mit Geschwistern oder Freunden verständi-gen kann, ist gar nicht so schwer. Ersetze doch zum Beispiel einmal alle Vokale (also A, E, I und U) ein-fach durch ein O. Oder lass jedes Wort mit einem U beginnen. Wenn du ein bisschen übst, kannst du dich bald ganz flüssig in Geheimsprache unterhalten.

➔ Die Sprache der Gauner

Hier findest du einige Beispiele aus dem modernen Ganovenwortschatz unserer Zeit:

abchecken = überprüfen
abgebrannt = in Geldnöten
ableuchten = überprüfen, ob jemand etwas stehlen kann
linken = betrügen
Bazille = Spitzel/Verräter
bunkern = gestohlenes Geld oder Beute aufbewahren
Cash = Bargeld
Fink = Spitzel
Igel = ein Polizeibeamter
jumpen = verschwinden
Präsident = Anführer einer Bande
Riese = Tausender
Fett/Pinke/Money/Kohle/Kies/Knete/Flocken = Geld

➔ Geheimzeichen und -signale

Um sich zu verständigen, muss man nicht zwangs-läufig Wörter verwenden. Signale und Zeichen für verschiedenste Zwecke kennen die Menschen bereits seit Jahrtausenden. Wenn sich z. B. jemand mit dem Finger an die Stirn tippt, dann weißt du sofort, was das bedeutet – jemand »zeigt dir einen Vogel«. Du kennst bestimmt eine Menge weiterer solcher Zeichen. Damit deine Mitteilung geheim bleibt, ist es wichtig, dass die verwendeten Zeichen nie zu auffäl-lig geraten.

→ Zinken

Landstreicher, Bettler und sonstige Gauner verständigten sich früher mit dieser geheimen Bilderschrift. Sie kritzelten einfache Zeichen an Hauswände, Zäune oder Tore, um sich gegenseitig Warnungen, Hinweise über Hausbewohner oder die Polizei zukommen zu lassen. In heutiger Zeit sind sie selten geworden. Trotzdem kannst du hie und da noch Nachrichten aus vergangenen Tagen entdecken, wenn du die Augen offen hältst. Hier einige Zinken, die sehr oft zu sehen waren:

→ Indianische Symbolzeichnungen

Die Sioux- und Ojibwa-Indianer verwendeten einfache Symbole, um die Natur, Menschen oder Tiere darzustellen. Du kannst leicht weitere Symbole, z. B. für bestimmte Orte, Gegenstände, Personen, usw. erfinden, die nur du und deine Verbindungsleute zuordnen können.

➜ Finger-Alphabet
Mithilfe dieser Zeichensprache gibst du geräuschlos Nachrichten weiter.

➜ Blindenschrift
Diese Schrift, erfunden von dem Franzosen Louis Braille, wird durch Abtasten mit den Fingern gelesen. Jedes Zeichen besteht aus Punkten, die von hinten in das Papier gestanzt werden und dadurch auf der Vorderseite wie kleine Hügel hervorstehen.

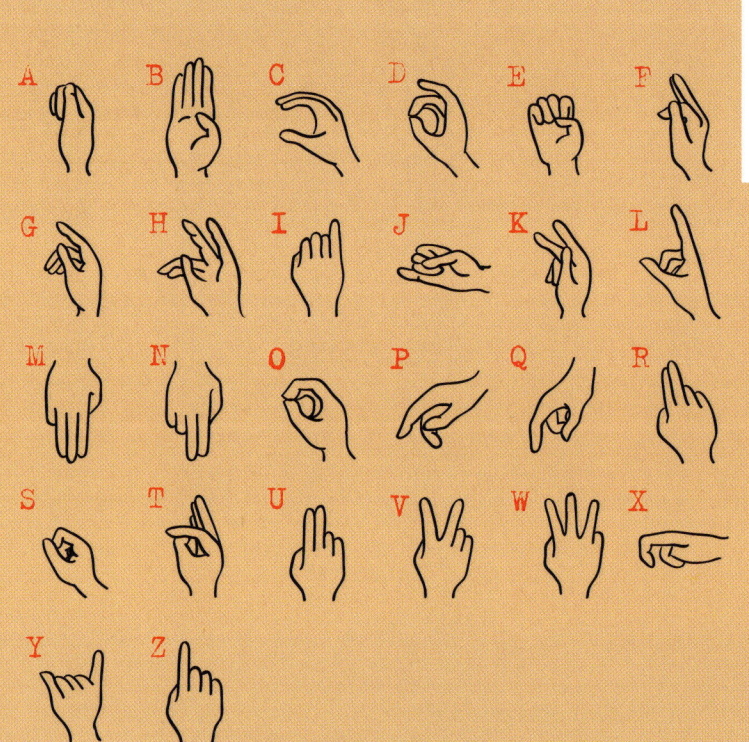

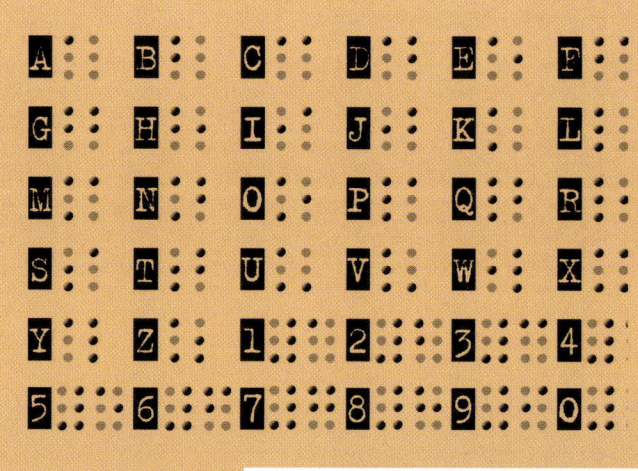

Bis bald!

Komm zu mir!

Wir müssen uns treffen!

→ Der Briefmarkentrick

Früher war es häufig so, dass die Eltern junger Verliebter streng deren Post kontrollierten. Folglich konnte man sich in Briefen nicht immer so ausdrücken, wie man gerne wollte. Um dem anderen zu sagen, was sie wirklich bewegte, klebten Verliebte die Briefmarken auf ihren Briefen daher häufig quer, schräg oder kopfüber auf bestimmte Stellen des Umschlags. Jeder »Markendreh« stand dabei für eine bestimmte Aussage.

Man kann eine Briefmarke auf acht verschiedene Weisen aufkleben: Normal und auf dem Kopf stehend, im rechten Winkel (nach links und rechts) und auf den Ecken stehend. Auch du kannst so einen scheinbar unverdächtigen Brief oder eine Postkarte an deinen Kontaktmann schreiben. Die geheime Botschaft teilst du ihm durch eine oder zwei Briefmarken mit: Je nachdem, wie du sie aufklebst, weiß dein Detektivkollege, was du ihm mitteilen willst. Denkt euch Kombinationen aus und schreibt sie in ein gemeinsames Codebuch.

**Bist du
mir böse?**

Innige Küsse!

Ich komme zu dir!

**Ich muss etwas von
dir wissen!**

Mir geht es schlecht!

**Wir haben
ein Problem!**

→ Morsealphabet

Beim Morsen werden Buchstaben und Ziffern von einem Gerät in Töne umgewandelt. Sie lassen sich aber auch alternativ mit Lichtsignalen, z. B. einer Taschenlampe, übermitteln (Punkt = kurz klopfen/blinken, Strich = lang klopfen/blinken).

Geheime Botschaften unauffällig weitergeben

Die Übergabe geheimer Unterlagen an Kontaktpersonen ist eine brisante Angelegenheit. Sie so zu bewerkstelligen, dass es niemand mitbekommt, ist eine regelrechte Kunst, die ein Detektiv natürlich beherrschen sollte. Auf den folgenden Seiten zeigen dir Lara und Tim, wie man geheime Nachrichten am unauffälligsten transportiert und übergibt.

Das Morsealphabet

A	B	C
D	E	F
G	H	I
J	K	L
M	N	O
P	Q	R
S	T	U
V	W	X
Y	Z	1
2	3	4
5	6	7
8	9	0

»Tote Briefkästen«

Ein »toter Briefkasten« ist ein Versteck, in dem Nachrichten – natürlich immer in Geheimsprache abgefasst – für Kontaktleute deponiert werden. Eine Höhlung in einem Baumstamm oder ein Loch in einer alten Backsteinmauer können ausreichen, um als toter Briefkasten zu dienen: Du lehnst dich unauffällig gegen den Baum oder die Mauer und versteckst dabei eine zusammengefaltete Nachricht im Hohlraum. Ebenso unauffällig nimmt deine Kontaktperson ein paar Stunden später die geheime Botschaft wieder heraus.

Ideale Voraussetzungen bieten tote Briefkästen in öffentlichen Parks. Dort kann man sich unauffällig aufhalten, und wenn Not am Mann ist, taucht man rasch zwischen ein paar Spaziergängern unter. Parks liegen außerdem häufig mitten in der Stadt, sodass deine Kontaktleute schnell dort sein können. In jedem Park bieten sich Verstecke für Geheimnachrichten:

- Spiele einen vergesslichen Parkbesucher und lass eine **Zeitung** auf einer Parkbank liegen. Deine geheime Nachricht kann zum Beispiel in einem ausgefüllten Kreuzworträtsel stehen.

- **Blumenschalen** lassen sich ebenfalls zur Nachrichtenübergabe nutzen: Ein Spaziergänger (du) wirft ein zusammengeknülltes Bonbonpapier in

einen Blumenkübel. Ein anderer Passant (deine Kontaktperson) scheint entrüstet über diese Umweltverschmutzung, schnappt sich das Papier und wirft es in den nächsten Abfallkorb – wobei er natürlich vorher deine Geheimnachricht herausnimmt!

- Selbst ein **Abfallkorb** kann als toter Briefkasten herhalten: Dein Kontaktmann sollte jedoch eine passende Verkleidung wählen, wenn er beim

Abholen der Botschaft keinen Verdacht erwecken will. Niemand wird z. B. einen abgerissenen Landstreicher weiter beachten, der einen Abfallbehälter nach etwas Essbarem durchsucht. Findet der »Landstreicher« dann tatsächlich eine halbvolle Getränkedose, wird dies ebenfalls niemanden interessieren ... Überflüssig zu sagen, dass in der – in Wirklichkeit leeren – Dose eine Nachricht steckt!

Häufig dauert es Stunden, manchmal sogar Tage, bevor ein Kontaktmann eine Nachricht aus einem toten Briefkasten abholt. So vermeidet man, dass im Falle eines gegnerischen Übergriffes beide Beteiligten gleichzeitig geschnappt werden. In besonderen Fällen – etwa, um eine akute Warnung weiterzuleiten – lässt es sich zuweilen nicht vermeiden, dass eine Nachricht persönlich weitergegeben werden muss. Dann sollten besondere Tarnungs- und Schutzmaßnahmen (vgl. Kapitel 7: Tarnung und Verfolgung) ergriffen und ein paar ganz bestimmte Tricks angewendet werden.

Tricks für die Übergabe

→ **Regenschirme und Taschen:** Beide lassen sich leicht mit der darin versteckten Nachricht austauschen, indem man sich »aus Versehen« anrempelt, nach einer höflichen Entschuldigung dann aber mit dem Schirm/der Tasche des Kontaktmannes weitergeht.

→ **Stolpertrick:** Du triffst deine Kontaktperson und lässt scheinbar unbeabsichtigt ein Buch oder eine Zeitung fallen. Dein Partner mimt einen aufmerksamen Passanten, bückt sich – steckt dabei die Nachricht hinein – und gibt dir dein Eigentum zurück.

→ **Kaugummi:** Du faltest deine Botschaft in die Alufolie eines Kaugummis, steckst den Streifen ordentlich in die Papierhülle zurück und bietest ihn ganz unverfänglich deinem Kontaktmann an.

→ **Hundehalsband:** Beim Streicheln eines Hundes kann ein verbündeter »Tierfreund« unauffällig eine Nachricht an sich nehmen, die unter dem Halsband versteckt ist.

→ **Bücher:** In der Bücherei versteckst du deine Botschaft zwischen den Seiten eines Buches. Dein Partner (der den Titel natürlich kennt) kommt später, leiht das Buch aus – und erhält die Botschaft. (Wähle ein Buch aus, das nicht so häufig ausgeliehen wird, damit die Nachricht nicht aus Versehen in falsche Hände gerät!)

→ **Gürtel:** Unauffällig lässt sich eine aufgerollte Geheimnachricht in der Lederschlaufe verstecken, mit der die Schnalle eines Gürtels befestigt ist. Ebenso geeignet ist der Schlitz auf der Innenseite von Kunststoffgürteln.

→ **Baseballkappen:** Sie haben an der Innenseite häufig ein Band – stecke deine geheime Nachricht dort hinein.

→ **Schuhe:** Unter den Einlegesohlen von Schuhen ist Platz für kleine Briefe.

→ **Hose oder Jacke:** Verstecke deine Botschaft im Hosenaufschlag oder einem hochgekrempelten Ärmel. Du kannst dir auch eine Geheimtasche in die Innenseite einer deiner Jacken nähen bzw. vorsichtig das Futter ein bisschen auftrennen.

→ **Pflaster:** Falte das Papier mit deiner Nachricht möglichst flach zusammen. Lege es unter einem großen Heftpflaster direkt auf deine Haut – niemand wird dort ein Geheimversteck vermuten!

→ **Kugelschreiber:** Rolle deine Geheimbotschaft eng zusammen und verstecke sie entweder in der Schutzkappe eines Stiftes, einer fast leer geschriebenen Mine oder (um die Mine gewickelt) im Schaft eines Kugelschreibers. Einen Stift kannst du jederzeit unauffällig weitergeben oder im Notfall ebenso leicht verschwinden lassen.

Wenn es gefährlich wird ...

Für den Fall, dass Lara und Tim plötzlich feststellen, dass sie beobachtet werden und das Risiko einer Nachrichtenübergabe zu groß wird, haben sie ein ganz bestimmtes Alarmsignal verabredet: In diesem Fall benimmt sich derjenige, der die Bedrohung als Erster wahrnimmt, plötzlich sehr auffällig. Er stolpert zum Beispiel über einen Stein oder einen Baumstamm oder grölt lauthals irgendwelche Lieder. Für den anderen heißt das ganz klar: Verschwinde, wir werden beobachtet!

Geheime Zeichen
auf Euro-Scheinen – Schutz gegen
Falschgeld

Bestimmt hast du schon im Fernsehen oder anderswo von Geldfälscherbanden gehört, die mit mehr oder weniger großem Aufwand Geldscheine nachahmen und zu ihrem eigenen Vorteil in Umlauf bringen.
Zum Schutz vor solchen Fälschungen bauen die staatlichen Gelddruckereien verschiedene, auf den ersten Blick wenig auffällige Merkmale und Zeichen in die Banknoten ein. Sie lassen sich mit Farbdruckern oder -kopierern nicht ohne weiteres nachahmen. Wenn du sie kennst, kannst du daher eine Euro-Banknote auf ihre Echtheit überprüfen. Orientiere dich an den drei wichtigsten Punkten:

1. Wasserzeichen

Betrachte Banknoten im Gegenlicht: Du siehst ein durchscheinendes Wasserzeichen auf beiden Seiten desselben unbedruckten Bereichs. Zu erkennen sind ein Architekturmotiv sowie der jeweilige Geldwert des Scheins.
Ein Wasserzeichen entsteht durch Variierung der Papierdicke während der Herstellung. Damit lassen sich hellere und dunklere Bereiche abbilden.

2. Sicherheitsfaden

Jede Euro-Banknote verfügt über einen Sicherheitsfaden, der etwa in der Mitte in das Papier eingebet-

tet ist und im Gegenlicht sichtbar wird: Als dunkle Linie verläuft er über die gesamte Höhe der Banknote. Bei genauer Betrachtung des Fadens im Gegenlicht erscheinen das Wort »EURO« und der Geldwert (abwechselnd richtig herum und spiegelverkehrt).

3. Durchsichtsregister

Beim Durchsichtsregister handelt es sich um ein Merkmal in der linken oberen Ecke auf der Vorderseite der Banknote. Auf den ersten Blick scheinen dies unregelmäßige Zeichen zu sein, die auf Vorder- und Rückseite der Euro-Banknoten gedruckt sind. Hält man den Schein jedoch gegen das Licht, ergänzen sie sich zur vollständigen Wertzahl des Scheins.

Da Fälscher sich bei der Nachahmung häufig nur auf eines oder wenige Sicherheitsmerkmale konzentrieren, ist es ratsam, immer mehrere von ihnen zu überprüfen. Stellst du das Fehlen eines oder mehrerer Sicherheitsmerkmale fest, könnte es sein, dass du es mit Falschgeld zu tun hast. Wende dich in diesem Fall umgehend an einen Erwachsenen oder bring die Note zur Bank, um sie von Fachleuten auf ihre Echtheit prüfen zu lassen.

Willst du Gauner belauschen, die neue Verbrechen planen oder einander Diebesgut übergeben, musst du dich tarnen. Ein Detektiv darf logischerweise nie zu erkennen sein, der Beschattete nie merken, dass er beschattet wird!

Am effektivsten tarnst du dich, wenn du deine Kleidung der jeweiligen Umgebung anpasst. Mit Hüten und Sonnenbrillen lässt sich schon einiges anfangen, ein falscher Bart würde dich dagegen wahrscheinlich eher verraten. Je normaler du aussiehst und je normaler du dich verhältst, desto weniger wird der andere auf dich aufmerksam, desto weniger läufst du Gefahr, entdeckt zu werden.

Wie bei vielen anderen Detektivaufgaben gilt auch hier, dass es sich zu mehreren, mit anderen Clubmitgliedern beispielsweise, effektiver arbeiten lässt. An einer Beschattung sollten im Idealfall mindestens zwei Detektive beteiligt sein. Bei einer Verfolgung kann der zweite Beobachter dann so weit entfernt bleiben, dass er selbst den Verdächtigen gar nicht mehr sieht, sondern nur den ersten Verfolger. Droht dem ersten Verfolger dann irgendwann eine Entlarvung, werden unbemerkt die Positionen gewechselt (die verdächtige Person darf natürlich nie beide Detektive auf einmal sehen können).

Tipp: Am unauffälligsten ist es, wenn man sich bei einer Verfolgung in einer größeren Menschenmenge bewegen kann.

Drei Grundregeln

Eine Person zu beschatten heißt, ihr unauffällig zu folgen und sie nicht aus den Augen zu verlieren. Gleichzeitig darf sie aber unter keinen Umständen merken, dass sie verfolgt wird. Du musst den richtigen Abstand einhalten und jederzeit in der Lage sein, für kurze Zeit zu verschwinden. Versuche, immer den Überblick zu behalten, dich aber trotzdem unauffällig und völlig normal zu benehmen. Lara und Tim haben sich drei Grundregeln überlegt, die die wichtigsten Punkte des Beschattens zusammenfassen.

1. Passe dich deiner Umgebung an

Erkenne jede sich bietende Tarnung oder Deckung sofort – und nutze sie! Du musst sowohl die von dir verfolgte Person als auch jedes mögliche Versteck im Auge behalten.

2. Rück dem Verfolgten nicht zu dicht auf die Pelle

Es erfordert etwas Fingerspitzengefühl, dem Beschatteten nie dein Gesicht zu zeigen und dennoch nah genug zu bleiben, um ihn nicht aus den Augen zu verlieren.

3. Lass dir nie anmerken, dass du jemanden verfolgst

Beschäftige dich scheinbar mit etwas völlig anderem: Lies eine Zeitschrift, binde dir die Schnürsenkel, sieh dir Schaufenster an, etc. So wird der Verfolgte keinen Verdacht schöpfen.

Gute und schlechte Tarnung

Wenn sich Lara und Tim mit Trenchcoat und Hut ver-
kleiden und Detektiv spielen, macht das natürlich
Spaß. Aber die beiden wissen auch, dass diese
Maskerade im Ernstfall nicht geeignet ist, unauffällig
einem Verdächtigen zu folgen.
Wenn sie in geheimer Mission unterwegs sind, verhalten sie sich folglich ganz anders: Niemand
schöpft z. B. Verdacht, wenn zwei normal gekleidete
Kinder an einer Bushaltestelle sitzen und Karten
spielen – nicht einmal, wenn sie abwechselnd immer
wieder in die gleiche Richtung schauen. Jeder wird
denken, dass sie auf den Bus oder jemand anderen
warten, mit dem sie sich an der Haltestelle verabredet haben.

Die wichtigsten Kleidungstipps für Verfolger

- Passe deine Kleidung der Jahreszeit an.
- Vermeide helle oder auffällige Farben (rote oder gelbe Jacken, etc.), unauffälliger ist z. B. dunkelgraue Kleidung.
- Jacken sollten immer einen Kragen zum Hochklappen haben oder eine Kapuze, die sich weit ins Gesicht ziehen lässt. Denn gerade bei Dunkelheit kann ein unverdecktes Gesicht fast so hell leuchten wie eine Lampe.
- Schuhe mit weichen Gummisohlen dämpfen deine Schrittgeräusche.

Verändere deine Stimme

Die Situation kann es erfordern, einen Anruf zu tätigen, bei dem man deine Stimme nicht erkennen darf. Mit folgenden Tricks kannst du deine Stimme bis zur Unkenntlichkeit verstellen:

- Lege ein sauberes Taschentuch oder ein Stück Stoff über die Sprechmuschel des Telefons.
- Klemm dir einen Bleistift zwischen die Zähne.
- Steck beim Sprechen vier Finger in den Mund.
- Halte dir die Nase zu.

Hier noch ein paar weitere Tricks, die selbst dann funktionieren, wenn du deinem Gesprächspartner Auge in Auge gegenüberstehst:

→ Unterhalte dich nur im Flüsterton und erkläre deinem Gegenüber, du wärst heiser.

→ Nimm einen sorgfältig gewaschenen Kieselstein (oder ein großes Bonbon) in den Mund und lutsche ihn beim Sprechen.

→ Ziehe den Mund wie zu einem breiten Grinsen auseinander – das verändert den Klang deiner Stimme auf überraschende Weise.

→ Mach ein finsteres Gesicht und ziehe die Mundwinkel nach unten. Wenn du so sprichst, hört sich deine Stimme ganz anders an als gewöhnlich.

→ Wenn du normalerweise eine tiefe Stimme hast, versuche mit hoher Fistelstimme zu reden. Ist deine Stimme eher hoch, probiere es mit einer tiefen Bassstimme.

→ Versuche einen Dialekt zu sprechen: Tu so, als kämst du aus Bayern, Ostfriesland oder Sachsen – natürlich nur, wenn du nicht tatsächlich von dort stammst.

→ Lege dir einen ausländischen Akzent zu und sprich nur gebrochen Deutsch, etwa wie ein Amerikaner, Franzose oder Italiener es vielleicht tun würde. Falls du einige Wörter aus fremden Sprachen kennst, lass sie in die Unterhaltung einfließen.

→ Spitze die Lippen, als wolltest du pfeifen. Wenn du so sprichst, klingt deine Stimme anders als gewöhnlich.

Blick durchs Milchglas

Während einer Verfolgung kann es passieren, dass der Verfolgte sich in ein Gebäude zurückzieht (z. B. eine Bank), deren Tür oder Schaufenster aus Milchglas besteht und daher undurchsichtig ist. Mit einem kleinen Trick kannst du dennoch hindurchsehen: Bringe auf der Scheibe einen Streifen durchsichtiger Klebefolie an und schon hast du den Durchblick. Doch Vorsicht: Von der anderen Seite aus kannst du jetzt ebenfalls gesehen werden! Also immer eine unauffällige Stelle suchen.

Wie es funktioniert? Bei einer Milchglasscheibe ist eine Seite künstlich aufgeraut. Fallen Lichtstrahlen auf diese Seite, durchdringen sie das Glas nicht parallel (wie bei einer normalen Scheibe), sondern werden in verschiedene Richtungen zerstreut – das Bild wird unscharf. Mit dem Klebestreifen kann man die raue Oberfläche glätten. Die Lichtstrahlen können dann ungehindert passieren und du kannst hindurchsehen!

Periskop

Ein weiteres praktisches Hilfsmittel für jeden Detektiv, der um Ecken herum oder über die Köpfe einer Menschenmenge hinwegspähen will, ist ein Periskop. Dieses Sehrohr verlängert mit Hilfe zweier Spiegel dein Blickfeld.

Um dir selbst eines zu basteln, brauchst du:

- **eine Schere**
- **einen sauberen Milch- oder Saftkarton**
- **zwei Taschenspiegel in passender Größe (eventuell vom Glaser)**
- **Klebeband**

Und so geht's:

1. Schneide in eine Seite des Kartons ziemlich weit oben ein Guckloch und ein zweites in die gegenüberliegende Seite ziemlich weit unten. (Sieh dir zuvor Laras Skizze genau an!)

2. Öffne den Saftkarton vorsichtig von oben und unten und klebe die beiden Spiegel im Innern fest. Die Spiegel müssen sich gegenseitig ihre reflektierende Seite zuwenden und schräg in einem Winkel von 45 Grad angebracht sein. Achtung: Ganz wichtig ist, dass sie parallel zueinander stehen.

3. Jetzt kannst du den Karton mit Klebestreifen wieder zukleben – fertig ist das Periskop.

Periskop

Probiere dein Periskop an der nächsten Ecke aus. Wenn es nicht richtig funktioniert, hast du die Spiegel nicht korrekt angebracht. Öffne vorsichtig den Karton und korrigiere ihre Position.

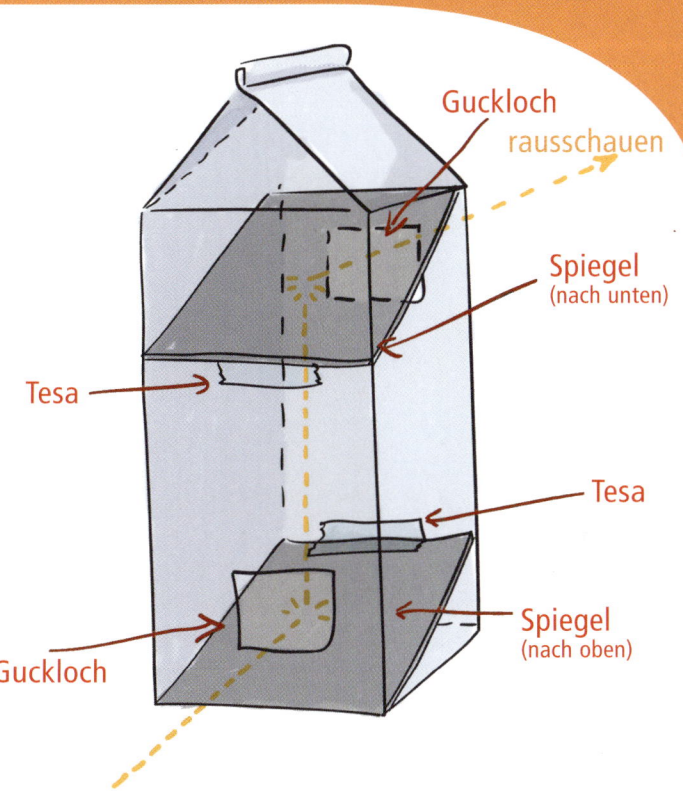

Guckloch
rausschauen

Spiegel
(nach unten)

Tesa

Tesa

Guckloch

Spiegel
(nach oben)

reinschauen

Schleichen, Kriechen, Pirschen

Leise – das ist das Stichwort für die Beschattung von Personen in der freien Natur. Lautlose Fortbewegung kann auch nützlich sein, wenn du z. B. Tiere beobachten oder fotografieren möchtest, ohne sie zu verschrecken. Wenn du flüchtest und unbemerkt deine Verfolger passieren musst, sind effektive Schleich- und Pirschtechniken ebenfalls wichtig.

zurückziehen können, ohne das Gleichgewicht zu verlieren.

Das kannst du gut zu Hause mit einem Freund üben: Einer von euch geht ganz normal durch den Raum, so lange, bis sein Partner »Stopp!« ruft. Jetzt muss der Gehende sofort in der Bewegung »einfrieren«. Schafft er dies, ohne zu wanken oder das Gleichgewicht zu verlieren, ist er ein guter Schleicher.

Normalgang

Du gehst in normaler Haltung, also aufrecht und mit geradem Kreuz. Die Hände bleiben am Körper, die Arme schwingen nicht. Vermeide es zu »schlurfen« – hebe die Füße komplett vom Boden und tritt mit dem ganzen Fuß auf.

Wichtig beim Pirschen ist die volle Kontrolle über jeden einzelnen Schritt. Du musst in der Lage sein, einen angefangenen Schritt (bereits angehobener Fuß) sofort abzubrechen. Sobald du merkst, dass das nächste Auftreten verhängnisvoll oder mit zu viel Lärm verbunden sein könnte, musst du den Fuß

Gehen in der Hocke

Möchtest du eine Deckung ausnutzen, die nicht so groß ist wie du selbst, geh ein wenig in die Knie. Möchtest du längere Strecken in der Hocke zurücklegen, stütz dich mit den Händen auf den Knien ab.

Auf allen vieren

Stütz dich mit den Händen am Boden ab und lauf auf Knien und Händen. Drück deinen Rücken nicht zu weit hoch, zieh den Po ein und halte vor allem deinen Kopf geduckt.

seitliches Robben

Leg dich flach auf die Seite. Streck einen Arm und ein Bein aus, aber entweder nur rechts oder nur links. Nun schiebst du dich unter Zuhilfenahme deines Armes mit dem Knie voran. Das machst du, indem du das Knie anziehst, gegen den Boden drückst und so ein Stück vorankriechst, bis dein Bein wieder gestreckt ist. So kannst du dich Kräfte sparend und vor allem leise Stück für Stück über weite Strecken vorwärts schieben.

Robben

Leg dich flach auf die Erde und stütz die Ellenbogen auf. Mit Ellenbogen und Knien schiebst du dich voran. Halte dich dabei so dicht wie möglich am Boden und zieh den Kopf ein, so weit es nur geht.

Kletter-Tipps

Wenn du jemanden in freier Natur, z. B. im Wald beschattest, kann es vorkommen, dass du der besseren Übersicht oder der Tarnung wegen einen Baum besteigen willst. Bäume erklettern ist nicht ganz einfach, und es kann auch ein bisschen gefährlich sein, wenn man nicht die richtigen Griffe und Tritte kennt oder leichtsinnig vorgeht. Damit deine erste Besteigung eines Baumes nicht in einem schmerzhaften Absturz endet, hier ein paar Tricks von Tim, einem Fachmann in dieser Disziplin:

Lass dir Zeit und sichte zunächst die Lage: Verschaff dir einen Überblick über Wuchs und Anordnung der Äste, dann kannst du sie schnell und sicher erklettern. Hängt der erste Ast zu hoch, kannst du Folgendes versuchen:

- mit einem Hilfsast oder Stock einen Ast vom Baum herunterziehen
- einen Steinhaufen am Fuß des Baumes aufschichten
- einen anderen Baumstamm schräg anlegen oder
- eine Treppe aus kleineren Stämmen bauen

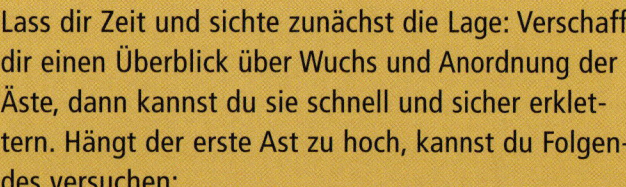

Entledige dich vor der Baumbesteigung aller Dinge, die dich behindern könnten und die du auf dem Baum nicht unbedingt brauchst: Zieh Mantel oder Jacke aus und binde sie dir um die Hüfte, steck deine Armbanduhr bzw. Schmuck in die Tasche.

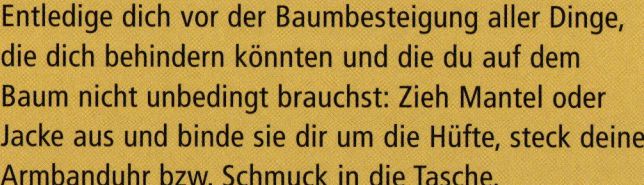

Verlass dich nie nur auf einen einzelnen Ast im Baum. Achte immer auf einen absolut sicheren Halt, während du mit einem Arm oder Bein den nächsten Griff suchst. Nur so kannst du einen Sturz verhindern, falls ein trockener Ast unvermittelt unter dir nachgeben sollte. Umfasse Äste beidseitig, d. h. lege niemals alle Finger der Hand auf die gleiche Seite des Astes – der Daumen gehört immer andersherum.

Kletter-Tipps

Hüte dich vor glatten, nassen oder moosigen Stellen – Abrutschgefahr! Scheue dich nicht, beim Tasten nach neuen Trittmöglichkeiten eventuellen Dreck mit der Hand zu entfernen: Sicherheit geht vor!

↑

Bei Pannen: Dein Alter ist die beste Entschuldigung

Sollte deine Tarnung einmal auffliegen – ganz egal, ob du und deine Detektivkollegen nur zum Spaß oder als Training jemanden verfolgt habt oder ob ihr tatsächlich einem Verdächtigen auf der Spur seid –, gibt es zwei Möglichkeiten: Bei Test- oder Übungsermittlungen sagt einfach die Wahrheit. »Wir haben Detektiv gespielt. Entschuldigen Sie, wenn wir Sie belästigt haben sollten. Es tut uns Leid.« Im Normalfall wird ein Erwachsener eine solche Entschuldigung von Kindern akzeptieren.

Verfolgt ihr dagegen den Verdächtigen einer echten Straftat, kann eure Enttarnung sogar gefährlich werden. Ist es zum Weglaufen zu spät und könnt ihr niemanden zur Hilfe rufen, stellt euch dumm. Versucht es etwa mit: »Ich weiß gar nicht, was Sie meinen? Wir haben doch nur gespielt.« Versucht auf keinen Fall, den Verdächtigen zur Rede zu stellen – das wäre viel zu gefährlich!

Kriminalpolizeiliche Organisationen

Kriminalpolizei

Die Kriminalpolizei (Abkürzung: Kripo) ist neben der Schutzpolizei die zweite große Abteilung der allgemeinen deutschen Polizei. Die ersten »Kriminalinspektoren« waren bereits 1822 tätig, zu einer Zeit, als es Scotland Yard noch gar nicht gab. Heutzutage befasst sich die Kripo u. a. mit der Aufklärung von Waffenhandel, Geldfälscherei, Wirtschaftsverbrechen, Raub, Erpressung, Rauschgiftdelikte sowie Mord und Totschlag. Kripobeamte sind nicht uniformiert, benutzen aber im Außendienst häufig Tarnungen, um sich leichter unter Verdächtige mischen zu können. Für jedes Bundesland gibt es eine eigene Kriminalpolizei, ein Landeskriminalamt (LKA). Unterstützt und verwaltet werden diese durch das Bundeskriminalamt (BKA) mit Sitz im hessischen Wiesbaden. Die Website des BKA findest du unter **www.bka.de**. Weitere nützliche Links:

- Polizei Baden-Württemberg: www.polizei-bw.de
- Polizei Bayern: www.polizei.bayern.de
- Polizei Berlin: www.polizei.berlin.de
- Polizei Brandenburg: www.polizei.brandenburg.de
- Polizei Bremen: www.polizei.bremen.de
- Polizei Hamburg: www.polizei.hamburg.de
- Polizei Hessen: www.polizei.hessen.de
- Polizei Niedersachsen: www.polizei.niedersachsen.de
- Polizei Nordrhein-Westfalen: www.polizei.nrw.de
- Polizei Rheinland-Pfalz: www.polizei.rlp.de
- Polizei Sachsen: www.polizei.sachsen.de
- Polizei Sachsen-Anhalt: www.polizei.sachsen-anhalt.de
- Polizei Schleswig-Holstein: www.polizei.schleswig-holstein.de
- Polizei Thüringen: www.polizei.thueringen.de

FBI

Das Federal Bureau of Investigation mit Sitz in Washington ist die US-amerikanische Bundeskriminalpolizei, die schwere Verbrechen über die Grenzen einzelner US-Bundesstaaten hinaus verfolgt. Daneben unterstützt das FBI, ähnlich dem deutschen BKA, die lokalen Polizeibehörden.
Das FBI wurde 1908 gegründet und ist u. a. für die Verfolgung von Spionage und Sabotage, den Staatsschutz

sowie den Schutz des Präsidenten und der Regierung zuständig. Es hat knapp 30.000 Mitarbeiter, darunter so genannte »special agents« sowie eine Vielzahl von hochqualifizierten Experten (Fotografen, Pathologen, Chemikern, Fingerabdruckexperten, etc.). Das FBI im Internet: **www.fbi.gov**

CIA

Eng mit dem FBI arbeitet die CIA (Central Intelligence Agency) zusammen. Dieser 1947 gegründete amerikanische Nachrichtendienst ist vornehmlich für die ausländische Spionageabwehr zuständig. Unter **www.cia.gov** findest du weitere Informationen.

Europol

1999 gründete die Europäische Union mit Europol (Sitz im niederländischen Den Haag) eine eigene Strafverfolgungsbehörde. Sie soll eine grenzübergreifende Zusammenarbeit der einzelnen europäischen Ämter ermöglichen. Gemeinsam mit den nationalen Kriminalämtern werden u. a. Drogenhandel, Kraftfahrzeugschmuggel, Menschenhandel, Geldfälschung, Terrorismus und Geldwäsche bekämpft. Europol im Internet: **www.europol.eu.int**

Interpol

Um schwere Verbrechen weltweit verfolgen zu können, wurde 1956 die »Internationale Kriminalpolizeiliche Organisation« (IKPO) gegründet, besser bekannt unter dem Telegrammkürzel »Interpol«. Interpol geht u. a. Rauschgifthandel, illegalen Waffengeschäften und Falschgeldherstellung nach, daneben international operierenden Einbrechern, Räubern und Scheckbetrügern. Heute gehören Interpol 176 Länder an. Die Zentrale befindet sich in der französischen Stadt Lyon. Jedes Land hat ein eigenes Zentralbüro. In Deutschland hält das Bundeskriminalamt in Wiesbaden die Verbindung zu Interpol. Hier gelangst du zur Website der IKPO: **www.interpol.int**

Detektivarbeit mit Bedacht und Vorsicht

Zum Abschluss noch ein guter Rat von Lara, Tim und Erdmann: Auch wenn du dich nach deinem Training mit »Top Secret« fit fühlst für die Arbeit als Detektiv, sollte dir immer klar sein, dass du dich in die Lösung echter Kriminalfälle niemals einmischen darfst. Nur zu leicht könntest du in gefährliche Situationen geraten oder die Arbeit der Polizei behindern. Einzige Ausnahme: Machst du eine Beobachtung, von der du zu Recht vermutest, dass sie wichtig für die Aufklärung einer Straftat sein könnte, musst du dies natürlich der Polizei mitteilen. In dringenden Notfällen erreichst du sie in Deutschland unter der Telefonnummer 110, in Österreich unter 133 und in der Schweiz unter 117.

A

Agent: Spion, der Geheimnisse der gegnerischen Seite auskundschaftet

Alcatraz: Alcatraz (Spitzname »The Rock«), 1934 auf einer Felseninsel in der Bucht von San Francisco (USA) gebaut, galt als das sicherste Gefängnis der Welt. Von dort ist kein einziger erfolgreicher Ausbruch bekannt – was nicht heißen muss, dass es keinen gegeben hätte: Die meisten Flüchtlinge dürften im eiskalten Wasser der Bucht ertrunken sein. 1963 wurde Alcatraz geschlossen und dient heute als Touristenattraktion.

Alias: Erfundener Name, den Detektive oder **Spione** zur Verdeckung ihrer wahren Identität benutzen

Alibi: Nachweis, dass sich eine verdächtige Person zur Tatzeit nicht am **Tatort** aufgehalten hat. Das Wort stammt aus dem Lateinischen und bedeutet »anderswo«. Anhand von **Zeu-**gen nachgewiesene Alibis gelten als »wasserdicht«. Manche Täter planen bei ihrer Tat bereits ein falsches Alibi mit ein. Auf diese Weise wollen sie spätere **Ermittler** täuschen und den Tatverdacht von sich ablenken.

Asservat: Vom lateinischen Wort »asservare« (dt.: verwahren) abgeleitet. Bezeichnet einen amtlich aufbewahrten Gegenstand (Beweisstück, etc.), der sicher vor Beschädigungen in der so genannten Asservatenkammer der **Polizei** oder eines Gerichts lagert.

Aussage: Schriftlich festgehaltene und unterzeichnete Erklärung eines **Zeugen** oder Tatverdächtigen

B

Beschattung: Heimliche Verfolgung einer anderen Person

Beschlagnahmung: Beweismittel, die für die Untersuchung eines Verbrechens wichtig sind, müssen sichergestellt werden. Werden sie der **Polizei** nicht freiwillig ausgehändigt, darf diese sie beschlagnahmen.

Beweis: Nachweis, dass eine verdächtige Person eine Straftat begangen hat; unabdingbar für ein rechtsgültiges Gerichtsurteil. Die Aufgabe eines Detektivs besteht darin, möglichst eindeutiges Beweismaterial zu sammeln, um verdächtige Personen als in Frage kommende Täter zu be- oder entlasten.

BKA: Abkürzung für das Bundeskriminalamt, die oberste bundesdeutsche Behörde zur Verbrechensbekämpfung mit Sitz in Wiesbaden

Blüten: Bezeichnung für gefälschte Geldscheine

Bobby: In England Spitzname für einen Polizisten

C

Chateau d'If: Französisches

Gegenstück zu **Alcatraz**. Die Festung auf einer kleinen Insel vor Marseille galt ebenfalls als ausbruchsicheres Gefängnis. Auch das Chateau ist heute ein Touristenmagnet.

Chiffrieren: Stammt vom französischen Wort »Chiffre« (dt. etwa: geheimes Kennwort). Bei Detektiven und **Agenten** spricht man von chiffrieren, wenn ein Text so verändert wird, dass man ihn nur mit einem »Schlüssel« wieder entziffern, also **dechiffrieren**, kann.

CIA: Abkürzung für Central Intelligence Agency, den 1947 gegründeten zentralen Nachrichtendienst der USA. **Agenten** in aller Welt arbeiten für die CIA und besorgen Informationen, die für die Sicherheit des Staates wichtig ist. Vergleichbar mit der britischen **MI6**.

Code: 1. Geheimschrift: Eine Reihe von Symbolen, Worten oder Signalen, die eine geheime Bedeutung haben
2. Ein nicht geheimes alphabetisches Ersatzsystem wie etwa der **Morsecode**

corpus delicti: Lateinisch für »Körper des Verbrechens«; gemeint sind Tatbestand bzw. verwendete Werkzeuge eines Verbrechens, im weitesten Sinne: alle äußerlich wahrnehmbaren Merkmale.

D

Daktyloskopie: Griechisch für »Fingerschau«; Verfahren, einen Menschen an den Abdrücken seiner Finger, Handinnenflächen, Zehen und Fußsohlen zu erkennen. Frühe Formen der Daktyloskopie wurden schon vor mehr als 2.000 Jahren angewendet.

Dechiffrieren: Entschlüsseln eines verschlüsselten Textes, also den wirklichen Text einer Geheimnachricht herausfinden

Deckname: Erfundener Name, der an Stelle des richtigen für eine Person verwendet wird, um unerkannt zu bleiben; nicht nur bei Detektiven und **Spionen** gebräuchlich, sondern auch bei Schriftstellern **(Pseudonym)**

Deckung: Alles, wohinter sich ein Detektiv verstecken kann

Delikt: Alles, was laut Gesetz verboten ist und bei dem man sich nicht von einem **Ermittler** oder der **Polizei** erwischen lassen darf

Diebstahl: Unerlaubtes Aneignen des Eigentums anderer Personen

Dietrich: Werkzeug, mit dem Schlösser aufgesperrt werden können. Bei alten Schlössern genügten Drahthaken, moderne Sicherheitsschlösser sind bedeutend schwieriger zu knacken.

Doppelagent: Spion, der nicht nur für das Land spioniert, das ihn beauftragt, sondern auch für das Land, das er eigentlich bespitzeln soll. Nicht zu verwechseln mit einem **Maulwurf**.

Durchsichtiger Spiegel: Vorrichtung um Leute ohne deren Wissen zu beobachten. Von einer Seite sieht der Spiegel völlig normal aus – blickt man hinein, sieht man sein Spiegelbild. Steht man jedoch hinter dem Spiegel, kann man wie durch ein Fenster hindurchblicken. Ein Beobachter im Nebenraum kann so unbemerkt bleiben, z. B. bei einer **Gegenüberstellung.**

E

Einbruch: Gewaltsames Eindringen in Gebäude, etwa durch Aufbrechen von Türen oder Einschlagen von Fenstern. Wird zudem auch noch etwas gestohlen, spricht man von »Einbruchdiebstahl«.

Entführung: Versuch eines Kriminellen, durch Gefangennahme einer oder mehrerer Personen bei den Angehörigen Geld oder die Durchsetzung bestimmter Absichten zu erpressen

Entschlüsseln: Übersetzen von Geheimbotschaften in Klartexte mithilfe eines **Codes** (auch: **Dechiffrieren**)

Erkennungsdienst: Der Erkennungsdienst der **Polizei** hat die Aufgabe, möglichst viel über einen Täter herauszufinden. Er sucht am **Tatort** nach **Fingerabdrücken**, bestimmten typischen Arbeitsweisen eines Gauners, Beschreibungen des Täters durch **Zeugen**, typische **Spuren**, usw. Dann wird geprüft, ob all dies auf einen Ganoven hinweist, der im Computer der Polizei bereits gespeichert ist.

Ermittler: Jemand, der sich vornimmt, die Wahrheit herauszufinden; oft ein Polizist oder Privatdetektiv, mitunter auch eine Privatperson

F

Fahndung: Suche nach einer Person und/oder einem Fahrzeug, meist im Rahmen einer polizeilichen Ermittlung

Fährte: Spur, die zur Aufdeckung des Verbrechens führen kann

FBI: Abkürzung für Federal Bureau of Investigation, Bundeskriminalamt und -fahndungsdienst der USA. Die 1924 gegründete Organisation ist hinsichtlich ihrer Ziele (innere Sicherheit und Abwehr) mit der britischen **MI5** vergleichbar; wegen ihrer rauen Arbeitsmethoden ist sie bei der amerikanischen Bevölkerung wenig beliebt.

Fingerabdrücke: Feine Rillen an den Fingerspitzen (Papillarlinien), bei jedem Menschen verschieden und unveränderlich. Sie können mit Fingerabdruckpulver auf glatten Oberflächen sichergestellt und anschließend mit Abdrücken in der Verbrecherkartei verglichen werden.

G

Gegenüberstellung: Wird ein Verdächtiger gefasst, gibt es eine Gegenüberstellung mit einem oder mehreren **Zeugen**. Diese müssen den Verdächtigen unter mehreren anderen Personen identifizieren. Dabei sind sie zu ihrem eigenen Schutz durch eine Sichtbarriere, z. B. einen **durchsichtigen Spiegel**, von dem Verdächtigen getrennt.

Geheimagent: Spion, der unerkannt im Feindesland arbeitet

Geheimdienst: Staatlicher Dienst zur Beschaffung und Auswertung von Informationen über geheime Pläne, Ausrüstung, technische oder wissenschaftliche Projekte anderer Staaten

Genetischer Fingerabdruck: Individueller, nie mit einer anderen Person identischer Bauplan des menschlichen Körpers, der in den jeweiligen Körperzellen angelegt ist (Fachbegriff: DNA). Er lässt sich mit elektronischen Mikroskopen u. a. aus Speichelspuren oder Haarwurzeln ermitteln.

Graphologie: Lehre von der Handschriftendeutung. Aus der Handschrift lässt sich u. a. ablesen, ob jemand jung oder alt, nervös oder ruhig, ängstlich oder mutig ist. Auch typische Rechtschreibfehler haben schon manchen überführt, z. B. in Erpresserbriefen.

H

Hauptquartier (H.Q.): Geheimsitz eines Spionagerings

Hehler: Person, die gestohlene Waren weiterverkauft

Hochstapelei: Betrügerisches Verhalten, bei dem eine Person anderen etwas vortäuscht (z. B. Reichtum, falsche Identität, etc.)

I

In flagranti: Lateinisch für »auf frischer Tat«

Indizien: Anzeichen und Tatsachen, die auf eine Straftat schließen lassen, allein aber noch nicht als **Beweise** für eine Überführung ausreichen. Da Indizien trügen können, versuchen Kriminalisten, genug hieb- und stichfeste Indizien für eine lückenlose Kette zusammenzutragen, die schließlich in einem »Indizienprozess« beweiskräftig sein kann.

Informant: Lieferant wichtiger Informationen

Inspektor: Dienstgrad bei der **Polizei**, ebenso wie **Kommissar**

Interpol: Kurzwort für »Internationale Kriminalpolizeiliche Organisation«, eine Organisation zur länderübergreifenden Unterstützung kriminalpolizeilicher Aufgaben mit einem weltumspannenden Kommunikationsnetz. Das nationale Zentralbüro für die Bundesrepublik Deutschland hat seinen Sitz im **BKA** in Wiesbaden.

K

Kapitalverbrechen: Verbreitete Bezeichnung für schwere vorsätzliche Tötungsdelikte (**Mord**, Totschlag) sowie generell für besonders schwere Verbrechen

KGB: Abkürzung für »Komitet Gossudarstwennoi Beszopasnosti«, das Komitee für Staatssicherheit der ehemaligen Sowjetunion. Das KGB ist das russische Gegenstück zur amerikanischen **CIA**. Die Aufgabe der **Agenten** des KGB in Zeiten des kalten Krieges war es, möglichst viel über die militärischen Pläne der USA herauszufinden.

Kidnapping: Erpresserischer Menschenraub, Entführen oder Sich-Bemächtigen einer Person, meist mit dem Ziel, Lösegeld oder die Freilassung von Häftlingen zu erpressen

Killer: Kaltblütiger Mörder, der aufgrund einer psychischen Erkrankung (Serienkiller) oder Geldgier (Profi-Killer) handelt.

Kommissar: Im Allgemeinen ein Polizist, im Kriminalroman meist der **Ermittler**, der ein Verbrechen aufklären muss. Arbeitet er nicht bei der Schutzpolizei, sondern in der Kriminalitätsbekämpfung, spricht man vom Kriminalkommissar.

Kriminalistik: Wissenschaft von der Aufklärung und Verhütung von Verbrechen. Es gibt sie noch nicht sehr lange, erst seit etwa 200 Jahren kennt man planmäßige Kriminalarbeit.

Kriminalromane: Es gibt sie seit etwa 160 Jahren. Als einer der Begründer gilt Edgar Allan Poe, der Mitte des 19. Jahrhunderts erste Detektiv-Geschichten veröffentlichte.

Kriminologie: Wissenschaft vom Verbrechen

Kurier: Überbringer von Geheimbotschaften, Geräten oder anderem Geheimmaterial

L

Legende: Neue Identität eines Detektivs, **Agenten** oder **Spions**, die er zur Tarnung seines Geheimauftrages bekommt

Lügendetektor: Gerät, mit dem die Gefühlsregungen eines Menschen aufgezeichnet werden können. Es misst Pulsschlag, Atemgeschwindigkeit und Blutdruck und fühlt den Schweiß an den Fingern. Ein Lügendetektor soll Nervosität erkennen und so einen Lügner entlarven. Da die Resultate jedoch nicht als sicher gelten, sind Lügendetektortests in Deutschland, Österreich und der Schweiz als Beweismittel vor Gericht nicht zulässig.

M

Mafia: Sizilianischer Geheimbund mit Ursprung im 18. Jahrhundert, in Süditalien nach wie vor aktiv und gefürchtet. Durch Auswanderungen gelangte die Mafia auch nach Amerika, wo sie sich zu einer internationalen Gangsterorganisation entwickelte. Dort wird die Bezeichnung Mafia für verschiedene Formen des »organisierten Verbrechens« gebraucht.

Maulwurf: **Ermittler** oder **Spion**, der unter falschem Namen und falscher Identität versucht, in einem fremden **Geheimdienst** oder eine Verbrecherbande aufgenommen zu werden, um diese auffliegen zu lassen

MI5: Abkürzung für »Military Intelligence, Section 5«. Die 1909 gegründete MI5 hat heute nichts mehr mit dem Militär zu tun und heißt offiziell Security Service (dt.: Sicherheitsdienst). Wie das **FBI** in den USA ist die MI5 zuständig für die innere Abwehr in England.

MI6: Abkürzung für »Military Intelligence, Section 6«. Ebenfalls 1909 gegründet, heißt die MI6 heute offiziell Secret Intelligence Service (SIS). Ähnlich der **CIA** in den USA und dem **Mossad** in Israel ist die MI6 in England als Auslandsnachrichtendienst tätig.

Mord: Verbrechen mit Todesfolge am Menschen; sowohl im richtigen Leben als auch im Kriminalroman Anlass zu nachhaltigen Ermittlungen

Morsecode: Bei diesem 1838 von dem Amerikaner Samuel Morse für den elektromagnetischen Telegrafen entwickelten **Code** werden Buchstaben und Zahlen durch bestimmte Folgen von Punkten und Strichen ersetzt. Er ist noch heute gebräuchlich und international anerkannt.

Mossad: Israelische Organisation für Geheimdienst- und Spezialoperationen, 1951 gegründet; in ihrer Funktion zur Auslandsnachrichtenbeschaffung mit der amerikanischen **CIA** und der britischen **MI6** vergleichbar

Motiv: Antrieb oder Beweggrund für Planung und Durchführung eines Verbrechens

N

Nachtsichtgerät: Spezialgerät auf Infrarot- oder Restlichtverstärkungsbasis, das es ermöglicht, bei Nacht zu sehen. Bilder, die es zeigt, erscheinen grünschwarz.

O

Observation: Beobachtung tatverdächtiger Personen, einschließlich ihrer Verfolgung über längere Zeiträume und manchmal größere Entfernungen

P

Pate: Oberhaupt eines **Mafia**-Clans

Pathologe: Arzt, der Ermordete untersucht, um wichtige Hinweise zu Tatzeit und/oder

Tatumständen zu erlangen

Phantombild: Unter Mithilfe von **Zeugen** angefertigte Zeichnung des Gesichts eines Täters. Es entspricht selten dem tatsächlichen Aussehen und hängt stark vom Erinnerungsvermögen der Tatzeugen ab. Phantombilder werden heute mit hochmodernen Phantombild-Computerprogrammen erstellt.

Polizei: Schützt den Bürger davor, Opfer von Straftaten zu werden. Sollte dies doch einmal eintreten, ermittelt sie den Täter.

Profiler: Neudeutscher, ursprünglich englischer Begriff für einen Kriminalpsychologen, dessen Aufgabe es ist, sich in den Täter hineinzudenken. Besonders bei Gewalt- und Sexualdelikten ist es für die Suche nach dem Täter nötig, Erkenntnisse über seine mögliche psychische Verfassung und sein **Motiv** zu sammeln.

Pseudonym: Angenommener (Kunst-)Name

R

Raub: **Diebstahl**, bei dem eine Person durch körperliche Gewalt (Schläge) oder Drohungen (»Geld her oder ich schieße!«) zur Herausgabe von Wertsachen gezwungen wird

Razzia: Aus dem Französischen stammendes Wort, das ursprünglich »Kriegszug« bedeutet. Es bezeichnet die polizeiliche Durchsuchung bestimmter Orte oder Gebiete nach verdächtigen Personen.

S

Schatten: Ein Detektiv, dessen Aufgabe es ist, eine Person zu beobachten und zu verfolgen, ohne bemerkt zu werden

Schutzgeld: Zahlungen, die Gauner von Lokalbesitzern oder Händlern erpressen. Werden sie

verweigert, kommt es zur Zerstörung oder Demolierung der betreffenden Läden. Erfolgt die Zahlung, sind die Opfer »geschützt«.

Scotland Yard: Englische Bezeichnung für die berühmte Londoner (Kriminal-)**Polizei**, die durch unzählige Krimis und Detektivgeschichten in der ganzen Welt bekannt geworden ist. Ihr ehemaliges Hauptgebäude lag an einer Straße, die Scotland Yard (dt.: schottischer Hof) hieß.

Serienverbrechen: Mehrere Straftaten desselben Täters nach gleichem Muster

Sing Sing: Staatsgefängnis in den USA (Bundesstaat New York), benannt nach der Stadt Ossining (früher Sing Sing). Besonders bekannt ist die dortige Sträflingskleidung, die an quergestreifte Pyjamaanzüge erinnert.

Spektrometer: Eine Art Mikroskop, mit dem u. a. Glas- und

Farbsplitter oder Lackreste analysiert werden können. So lassen sich Rückschlüsse auf Fabrikat, Modell und Baujahr von tatverdächtigen Autos gewinnen.

Spion: Person, die sich ohne Preisgabe ihrer wahren Identität in eine Firma oder das Privatleben von Personen mischt, um Straftaten, Heimlichkeiten oder Betriebsgeheimnisse aufzudecken. Spione übernehmen für eine bestimmte Zeit die Identität einer anderen Person, zum Beispiel eines Kollegen, Kunden, Geliebten, Sportkameraden o. ä.

Spionage: Ursprünglich französisches Wort für die Ausspähung von Geheimnissen, insbesondere auf militärischem, politischem und wirtschaftlichem Gebiet durch **Spione**, **Agenten**, **V-Männer**, Nachrichtendienste.

Spuren: Bleiben in 99 Prozent aller Straftaten am Tatort zurück (z. B. Haare, Fuß- oder

Fingerabdrücke, Blutflecken, Kleidungsstücke, Stofffasern, Briefe, Hautfetzen oder sonstige Gegenstände). Die Auswertung von Spuren in einem kriminaltechnischen Labor führt die **Polizei** oft auf die richtige Fährte und zur Überführung des Täters. Dann werden die Spuren zu **Beweisen** gegen den Täter.

Spurensicherung: Aufnehmen, Analysieren und Dokumentieren von **Spuren** am **Tatort**

Steckbrief: Aussehen, Kleidung, persönliche Daten und das Foto oder **Phantombild** eines Täters oder einer gesuchten Person auf einem Blatt Papier, das dazu dient, die Bevölkerung zur Mithilfe bei einer **Fahndung** aufzurufen

Stimmabdruck: Ebenso einzigartig wie sein **Fingerabdruck** ist der so genannte »Stimmabdruck« eines Menschen, den die Kriminalpolizei mit Geräten grafisch darstellen kann. So wird es möglich, einen Entführer oder Erpresser anhand einer

telefonischen Lösegeldforderung o. ä. zu entlarven.

Sûreté: Französisch für »Sicherheit«; gemeint ist die Sûreté Nationale, die französische Geheimpolizei.

Tarnung: Durch Verkleidung oder Änderung des Namens wird versucht, Absicht oder Namen einer Person zu verschleiern.

Tatort: Schauplatz eines Verbrechens; muss genau nach **Spuren** untersucht werden

T

Top secret: Englisch für »Streng geheim«; außerdem der Name des Detektivclubs von Lara, Tim und Erdmann

Toter Briefkasten: Vorher abgesprochenes, möglichst unauffälliges Versteck für die Hinterlegung geheimer Botschaften, Mikrofilme oder Dokumente (hohler Baumstamm, Mauerritze, Papierkorb, etc.). Macht potentiell gefährliche persönliche Treffen überflüssig.

U

Überfall: Jemandem unter Androhung oder Ausübung von Gewalt Schaden zufügen

Überwachen: Einen Verdächtigen oder ein feindliches Hauptquartier bei Tag und Nacht im Auge behalten

Underground: Verbrecher, **Agenten**, Terroristen oder andere, die triftige Gründe haben, sich aus dem öffentlichen Leben zurückzuziehen (unterzutauchen), leben mit Vorliebe im Untergrund (engl.: underground), d. h. verdeckt oder getarnt. UNDERGROUND ist außerdem der Name des größten Klubs für Junior-Detektive, im Internet zu finden unter www.detektiv-klub.de.

V

Verdeckter Ermittler: Polizeibeamter, der mit Hilfe einer erfundenen Geschichte oder Identität gezielt in ein kriminelles Milieu eingeschleust wird

Vernehmung: Einzelne Befragung von Personen, um Täter und/oder Verbrechenshergang herauszufinden oder Widersprüche in Aussagen aufzuspüren

Verhör: Methode, von **Zeugen** oder potentiellen Tätern im Verlauf eines Gesprächs Informationen über einen kriminellen Sachverhalt zu gewinnen

Verrat: Weitergabe von Wissen an einen Gegner

Verschlüsseln: Eine Nachricht in einem **Code** abfassen (auch: **chiffrieren**)

V-Mann: Abkürzung für »Verbindungsmann« (oder -frau), z. B. einen Gauner, zivilen Polizisten oder **Agenten**, der im kriminellen Milieu agiert, um Ermittlungsbeamten, mit denen er in Kontakt steht, geheime Tipps und Informationen zuzuspielen.

W

Wanze: Winziges Mikrophon zum Belauschen und Abhören, das z. B. in Telefonhörern, unter Tischen, hinter Bilderrahmen o. ä. versteckt angebracht werden kann. Den Abhörvorgang mittels Wanzen nennt man auch »Lauschangriff«.

Z

Zeuge: Person, die den Verlauf einer Tat mitverfolgt hat und berichten kann, wie sie geschah und/oder wer beteiligt war. Zeugen verhelfen Tatverdächtigen zu **Alibis**, um diese als Täter zu be- oder entlasten.

Pfiffige Spezialgeräte bei moses. für erfolgreiche Nachwuchsdetektive:

Top Secret Detektiv-Set

Detektivlupe mit dreifacher Vergrößerung, Fingerabdruckpulver und ein Profi-Feinhaarpinsel, ein hochwertiges Fingerabdruck-Stempelkissen, transparentes Klebeband sowie eine nützliche Fingerabdruck-Kartei in einem. Unverzichtbar für professionelle Spürnasen!

EUR 12,95 *   Art.-Nr. 9450

Detektiv Super Optic Wonder
Lupe, Fernrohr, Kompass, Spiegel, Taschenlampe, Vermessungsgerät und Trillerpfeife in einem.
Das universelle Handwerkszeug für clevere Ermittler!

EUR 8,95 / Stück *   Art.-Nr. 9460

* unverbindliche Preisempfehlung